# BEI GRIN MACHT SICH IHR WISSEN BEZAHLT

- Wir veröffentlichen Ihre Hausarbeit, Bachelor- und Masterarbeit
- Ihr eigenes eBook und Buch - weltweit in allen wichtigen Shops
- Verdienen Sie an jedem Verkauf

Jetzt bei www.GRIN.com hochladen und kostenlos publizieren

Johann Marek

# „Rezeptur" für die Erstellung einer kleinen empirischen Forschungsstudie

## Angeleitetes Beispiel für eine Bachelor-Arbeit

GRIN Verlag

**Bibliografische Information der Deutschen Nationalbibliothek:**

Die Deutsche Bibliothek verzeichnet diese Publikation in der Deutschen Nationalbibliografie; detaillierte bibliografische Daten sind im Internet über http://dnb.d-nb.de/ abrufbar.

Dieses Werk sowie alle darin enthaltenen einzelnen Beiträge und Abbildungen sind urheberrechtlich geschützt. Jede Verwertung, die nicht ausdrücklich vom Urheberrechtsschutz zugelassen ist, bedarf der vorherigen Zustimmung des Verlages. Das gilt insbesondere für Vervielfältigungen, Bearbeitungen, Übersetzungen, Mikroverfilmungen, Auswertungen durch Datenbanken und für die Einspeicherung und Verarbeitung in elektronische Systeme. Alle Rechte, auch die des auszugsweisen Nachdrucks, der fotomechanischen Wiedergabe (einschließlich Mikrokopie) sowie der Auswertung durch Datenbanken oder ähnliche Einrichtungen, vorbehalten.

**Impressum:**

Copyright © 2012 GRIN Verlag GmbH
Druck und Bindung: Books on Demand GmbH, Norderstedt Germany
ISBN: 978-3-656-18516-1

**Dieses Buch bei GRIN:**

http://www.grin.com/de/e-book/193445/rezeptur-fuer-die-erstellung-einer-kleinen-empirischen-forschungsstudie

**GRIN - Your knowledge has value**

Der GRIN Verlag publiziert seit 1998 wissenschaftliche Arbeiten von Studenten, Hochschullehrern und anderen Akademikern als eBook und gedrucktes Buch. Die Verlagswebsite www.grin.com ist die ideale Plattform zur Veröffentlichung von Hausarbeiten, Abschlussarbeiten, wissenschaftlichen Aufsätzen, Dissertationen und Fachbüchern.

**Besuchen Sie uns im Internet:**

http://www.grin.com/

http://www.facebook.com/grincom

http://www.twitter.com/grin_com

# „Rezeptur" für die Erstellung einer kleinen empirischen Forschungsstudie.

## Angeleitetes Beispiel für eine Bachelor-Arbeit

*Ausdauer ist eine Tochter der Kraft,
Hartnäckigkeit ist eine Tochter der Schwäche.*

Marie von Ebner-Eschenbach

Vorwort

Es ist nun soweit – Ihre Bachelor-Arbeit steht an!

Sie als Studierende sollen zeigen, dass Sie ein Thema z.B. aus dem Bereich der Gesundheitswissenschaften / Therapiewissenschaften[1] wissenschaftlich abhandeln können, um letzthin den Titel des „Bachelor of Science" schriftlich mit einem Werk zu veröffentlichen. Dieses „Science" im Titel verweist auf die naturwissenschaftliche Ausrichtung Ihres Studiums. Naturwissenschaftliches Arbeiten – auf dem Niveau der Bachelor-Arbeit – wiederum erfordert Empirie, die durch Methoden, Verfahren und Prozesse gestützt wird (s. Clinical Reasoning) – und dies kostet Zeit und Geld. Deshalb werden oft von den Studierenden kleine empirische Studien-Arbeiten vorgelegt. „Klein" meint hierbei nicht die Qualität der Arbeit, sondern ausschließlich die Anzahl der zu untersuchenden Objekte. Studierende können schon aus Kostengründen keine klinische Studien ausführen wie große Pharma-Unternehmen (s. z. B. Beipackzettel von Medikamenten, hier die Nebenwirkungen).

Wissenschaftliche Bücher (Standardwerke) hierzu und im „Netz" vorhandene Bachelor-Arbeiten zeigen geforderten Arbeitsweisen zu o.g. Thematik auf und sind reichlich vorhanden. Aber sind diese gerade dann hilfreich, wenn der Studierende beginnt (oft erstmals in seinem Leben) eine Arbeit zu schreiben? Die Fragen „Wie geht das – Wo kann ich …" kosten erheblich Zeit und Aufwand.

Hier setzt nun dieses Büchlein an und liefert eine mögliche Rezeptur für eine beispielhafte Forschungsstudie im „Kleinen". Ich habe speziell hierzu aus meiner Erfahrung mit Studierenden und meiner Biographizität eine Anleitung erstellt, die primär den Zweck verfolgt, ihnen einen kleinen „roten Faden" anhand eines Beispiels anzudienen. Dieses Beispiel kann Ihnen somit einerseits helfen, sich auf Ihre Bachelor-Arbeit einzulassen und andererseits

---

[1] Zum Beispiel das Studium „Angewandte Therapiewissenschaften" an der Hochschule des Internationalen Bundes (www.Ib-Hochschule.eu).

kann dieses sie unterstützen, die Qualität und Darstellung Ihres Forschungsvorhabens zu fördern.

Letzthin ist dieses Büchlein auch ein Ansatz für tiefergehende Fragen Ihrerseits zum Thema „Forschen" selber. Also sogenannte Nebenwirkungen, wie besseres Verständnis und Erkenntnisgewinn am „Ende" Ihrer Bachelor-Arbeit, sind nicht ausgeschlossen.

Viel Erfolg!

Johann Marek, Stuttgart im Mai 2012

# Inhaltsverzeichnis

Inhaltsverzeichnis .......................................................................................... V
Abkürzungsverzeichnis ................................................................................ VI
Abbildungsverzeichnis ................................................................................ VII
Tabellenverzeichnis ................................................................................... VIII
1 Hinführung zum „Forschen" ....................................................................... 1
   1.1 Überblick .............................................................................................. 3
   1.2 Motivation und Anschlussmöglichkeit ................................................. 6
2 Untersuchungsplanung ............................................................................... 8
   2.1 Design der Studie .............................................................................. 12
   2. 2 Operationalisierung ......................................................................... 13
   2.3 Die Erhebung .................................................................................... 15
3. Durchführung .......................................................................................... 17
   3.1 Analyse ............................................................................................. 20
      3.1.1 Der Befund ............................................................................... 20
      3.1.2 Exkurs Statistik ........................................................................ 23
   3.2 Die Ergebnisse ................................................................................. 26
4. Die Interpretation ..................................................................................... 28
   4.1 Graphiken argumentieren ................................................................. 28
   4.2 Kovariationen .................................................................................... 29
   4.3 Signifikanztest ................................................................................... 31
      4.3.1 U-Test Berechnung nach Mann & Whitney ............................. 33
      4.3.2 T-Test Berechnung nach Neyman und Pearson ..................... 38
      4.3.3 Ergebnis ................................................................................... 40
      4.3.4 Die Kritik ................................................................................... 40
5. Passung der Arbeitsstudie in die Bachelor-Arbeit .................................. 43
6. Auf die Beine stellen ............................................................................... 46
Literaturverzeichnis ..................................................................................... IX
Anhang 1: Aggregation ................................................................................ XI
Anhang 2: Definitionen nach ICD-10 bzgl. Auswahl .................................. XV
Anhang 3: Prozess Lerntherapie ............................................................ XVIII
Anhang 4: Der Erhebungsbogen Teil 1 ..................................................... XIX
Anhang 5: Der Erhebungsbogen Teil 2 ...................................................... XX
Anhang 6a: Wirkungsmodell nach Betz / Breuninger ............................. XXIV
Anhang 6b: Negative Lernstruktur ........................................................... XXV
Anhang 6c: Wieder Positive Lernstruktur ................................................ XXV
Anhang 7: Geplante Messpunkte .......................................................... XXVII
Anhang 8: Überblick Forschungsmethodik ........................................... XXVIII
Wissenschaftliche Publikationen des Autors ....................................... XXVIII

## Abkürzungsverzeichnis

| | |
|---|---|
| AV | Abhängige Variable |
| BAA | Bachelor-Arbeit; Bachelor-Thesis |
| EQS | Empirische quantitative Studie |
| ICD | International Statistical Classification of Diseases and Related Health Problems (ICD-10) |
| LT | Lerntherapeut |
| UV | Unabhängige Variable |

# Abbildungsverzeichnis

Abbildung 1: Prozess wiss. Arbeitens ................................................................ 4
Abbildung 2: Indexbildung ................................................................................. 15
Abbildung 3: Struktur von Befragungen ............................................................ 15
Abbildung 4: Zusätzliche Schwerpunkte ........................................................... 19
Abbildung 5: Beispiel einer Normalverteilung ................................................... 25
Abbildung 6: Soziogramm-Daten ....................................................................... 27
Abbildung 7: Panel über Fragen ........................................................................ 28
Abbildung 8: Panel .............................................................................................. 28
Abbildung 9: Verschiebung ................................................................................ 29
Abbildung 10: Trend ........................................................................................... 29
Abbildung 11 Kovariation ................................................................................... 29
Abbildung 12: Korrelation .................................................................................. 30
Abbildung 13: Multimodal .................................................................................. 36
Abbildung 14: Lerntherapie ............................................................................ XVIII
Abbildung 15: Strukturmodell ........................................................................ XXIV
Abbildung 16: Negative Lernstruktur .............................................................. XXV
Abbildung 17: Positive Lernstruktur .............................................................. XXVI
Abbildung 18: Geplante Messpunkte ........................................................... XXVII
Abbildung 19: Forschungsmethodik ........................................................... XXVIII

# Tabellenverzeichnis

Tabelle 1: Struktur ................................................................................................ 9
Tabelle 2: Beispiel zu Antwortzeilen ..................................................................... 14
Tabelle 3: Vorher Messpunkt ................................................................................ 33
Tabelle 4: Nachher Messpunkt ............................................................................. 34
Tabelle 5: Verbesserung / Verschlechterung ....................................................... 35
Tabelle 6: Stammblatt ........................................................................................... 35
Tabelle 7: U-Test Berechnung .............................................................................. 37
Tabelle 8: Signifikanztest I .................................................................................... 39
Tabelle 9: Gliederung ............................................................................................ 43
Tabelle 10: Aggregation ........................................................................................ XI

# 1 Hinführung zum „Forschen"

„**Heureka!**" (Ich hab's) soll Archimedes[2] – nackt durch die Straßen von Syrakus hüpfend – gejauchzt haben. Archimedes soll deswegen gejubelt haben, weil er wohl gerade auf die Idee gekommen ist, warum, wenn er in eine Wanne steigt, das Wasser dann aus der Wanne lief (Auftriebsprinzip). Nun, diese Anekdote zeigt den Umstand, dass ein Mensch voller Freude etwas entdeckt hatte, was ihn stark beschäftigte.

Sie als Studierende müssen nun weder durch Straßen laufen, noch nach Syrakus reisen – doch sich zu freuen, wenn das Studium erfolgreich beendet wird, ist schon den einen oder andren Freudenschrei wert! Zuvor jedoch müssen Sie u. a. Ihre wissenschaftliche Arbeit leisten. Diese wissenschaftliche Arbeit wird Sie als Studierende fordern und „stressen" gerade bzgl. des Teils in der Arbeit, der sich mit Forschung beschäftigt.

Eine empirische quantitative Studie (EQS) im Rahmen seiner Bachelor-Arbeit (BAA) zu erstellen, ist ein komplexes Unterfangen – und hier fehlt es an einem einfachen Standardrezept, denn es muss seitens des Studierenden eine Leistung „geliefert" werden.

Diese letzte Aussage scheint den hehren Ansprüchen an ein Studium zu widersprechen, soll der Studierende sich doch die Erkenntnis a priori „erarbeiten". Dieses „a priori" stellt sich für mich nicht in diesem Büchlein, mir geht es um „a posteriori", also um den Erkenntnisgewinn und die Freude[3] an dem fertigen Produkt danach, der gut gelungenen EQS selber im Rahmen der BAA.

Mein Beispiel in diesem Buch rankt sich um den Bereich der Lerntherapie.

---

[2] Archimedes (287-212 v. Chr.) war ein genialer Mathematiker und Ingenieur der Antike und lebte u.a. in Syrakus (Sizilien).
[3] Denn nicht nur eigene Erkenntnis zeigt, dass „das erst dann verstanden wurde, wenn es getan wurde".

Stellen Sie sich vor, Sie wollen im Rahmen Ihrer BAA darstellen, dass Sie durch eine geeignete spielerische Form mit Zahlen im Rahmen einer Therapie Schülern mit einer Teilleistungsschwäche im Bereich Dyskalkulie nicht nur helfen können, deren Rechenleistung zu verbessern, sondern auch deren Selbstwertgefühl zu steigern. Diese Darstellung Ihres Forschungsvorhabens erfordert nicht nur eine bestimmte Form in der BAA, sondern erfordert auch methodisches Vorgehen. Diese Form und Methode werden i. d. R. „wissenschaftliches Arbeiten" und „Forschungsmethodik" genannt. Wissenschaftliches Arbeiten i. S. v. „Wie ist zu zitieren, wie muss ich gliedern etc." ist nicht Teil des Büchleins, sondern einzig allein Teil der Forschungsmethodik, und deren Darstellung und Einbettung in die BAA wird besprochen.

Diese Unterlage ist somit ein Beispiel einer EQS aus dem Bereich der Lerntherapie. Selbige kann sicherlich auch verwendet werden für andere Gesundheitsfachberufe und angrenzende Bereiche.

Es ist eine teilkomplexe Studie, mit wenigen Probanden innerhalb eines pädagogisch schon tief „umgegrabenen" Ackers der Sonderpädagogik. Nichtsdestotrotz,
- gerade die simple Datenlage,
- das Design, welches einfach ist in seiner Form,
- wie auch die nachvollziehbare Erhebung und Analyse

zeichnen diese Studie aus.

Mein Ziel ist, mit diesem Büchlein meinen Studenten und Studentinnen (im weiteren Verlauf verwende ich aus Vereinfachungsgründen die maskuline Form) und sonstigen Interessierten eine pragmatische Handlungsanleitung zu geben, wie so eine empirische quantitative Forschung a) abläuft, b) welche Formvorschriften hierbei gelten und c) wie diese in der BAA dargestellt wird.

Im weiteren Verlauf dieses kleinen Büchleins verweise ich „einfach" auf Stellen im Netz bzw. auf entsprechende Literatur. Weiterhin erläutere ich nur an wenigen Stellen Begriffe. Für Ihre tiefergehenden Fragen orientieren Sie sich an meinen Literaturangaben resp. nutzen Suchmaschinen.

Der Aufbau des Buches ist wie folgt:

- Nach dieser Einleitung erfolgt ein kompakter Überblick bzgl. Struktur, Gliederung und Einbettung in den wissenschaftlichen Prozess.
- Darauffolgend wird die EQS Schritt für Schritt inkl. Erläuterungen dargestellt.
- Im nachfolgenden Kapitel erfolgt eine Eingliederung der EQS in die BAA und
- eine Zusammenfassung rundet dieses Unternehmen „Rezept für eine EQS" ab.

**Fazit**

Forschen erfordert Methoden und Disziplin in der Abarbeitung von notwendigen Forschungsschritten innerhalb der BAA. Diese kleine Studie soll quasi als eine erste Rezeptur gelten, die Studierende nutzen können.

Gegen eine Verfeinerung „des Rezepts" anhand von wissenschaftlichen Methoden, Verfahren etc. seitens der Studierenden ist nichts einzuwenden, sondern kann als eine beabsichtigte Nebenwirkung meinerseits angesehen werden.

## 1.1 Überblick

Wenn Sie eine EQS / BAA schreiben, dann sind die nachstehend angeführten grundsätzlichen Fragen zu beantworten – auch liefern diese Fragen gleichzeitig die Gliederung der EQS selber. Denn die EQS soll in **strukturierter Form** den wissenschaftlichen und vollständigen Ansatz Ihrer Arbeit unterstützen. Dieses notwendige Basiswissen bzgl. der in diesem Büchlein verwendeten Forschungsmethodik stammt aus Werken von Andreas Diekmann, Peter Sedlmeier & Frank Renkewitz und Alois Wacker. Speziell zu den Materialen von

Wacker sei gesagt: Es handelt sich hierbei um Downloads aus dem Archiv der Leibniz Universität Hannover. Gerade diese Materialien von Wacker bilden den hauptsächlichen Fundus für diese Arbeit. Im Fall einer Zitation gebe ich hierbei an: Wacker (2001-2005) und verwende keine Seitenzahl. Insofern führe ich es nicht nur in dem Literaturverzeichnis auf, sondern verweise weiterhin darauf, dass es erheblich mehr als nur eine Methode gibt, die zum Ziel führt (vgl. Diekmann 2009, S. 18).

Nachfolgendes Schaubild zeigt die EQS-Einbettung im Prozess wissenschaftlichen Arbeitens bzgl. der BAA.

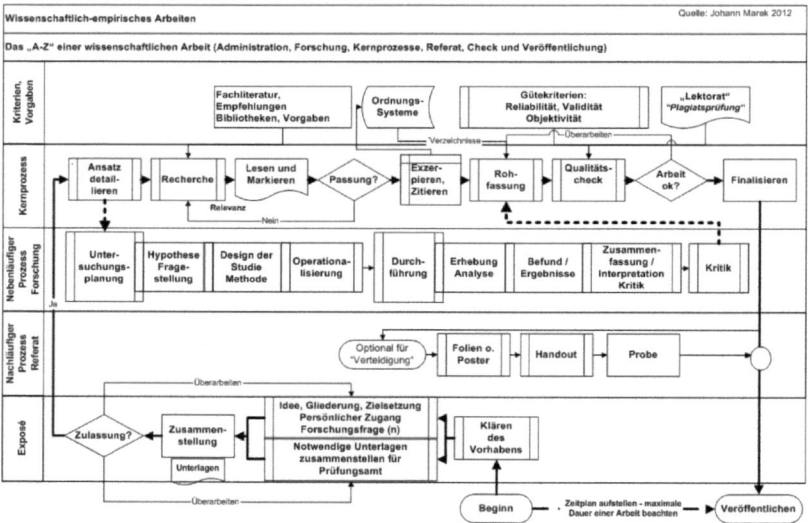

Quelle: Eigene

**Abbildung 1: Prozess wiss. Arbeitens**

Diese EQS werden Sie weder einreichen am Prüfungsamt, noch wird diese EQS „abgegeben" – es ist in aller erster Linie Ihr Arbeitspapier; erst wenn Sie die EQS in die BAA aufnehmen, wird diese ein Teil davon sein.

D. h.: Im Gegensatz zur der BAA haben Sie hier weder eine Einleitung, einen Hauptteil, noch einen Schluss zu schreiben; auch achten Sie nicht unbedingt

auf Formvorschriften, und wenn Sie wollen, benötigen Sie auch keine Quellenangaben (ich rate allerdings davon ab) etc.
**Deshalb ist dies eine Arbeitsstudie!** Aus Vereinfachungsgründen wird im weiteren Verlauf jedoch der Begriff „Studie" verwendet.

Was jedoch von hoher Relevanz schon in dieser Studie ist, sind die Gütekriterien (vgl. hierzu Sedlmeier / Renkewitz 2008, S. 70) wie:

- Validität -> bedeutet Gültigkeit: Wird das gemessen, was gemessen werden soll,
- Reliabilität -> bedeutet Zuverlässigkeit: Wird die Studie resp. Arbeit von anderen als dem Autor (z. B. den Lesern) nachvollzogen, so müssen diese zu demselben Ergebnis wie der Autor kommen können, und
- Objektivität / Intersubjektivität -> bedeutet, dass die gemachten Aussagen überprüfbar sein müssen: Das heißt, die ermittelten Ergebnisse sollen so weit wie möglich von der Person des Prüfers unabhängig sein.

Das wichtigste Ziel ist die Validität der Studie. Denn Gütekriterien bauen aufeinander auf: hohe Reliabilität kann nicht erreicht werden, wenn der Studienansatz nicht objektiv ist. Reliabilität ist wiederum Voraussetzung für Validität (z. B. Messverfahren); eine Studie kann also reliabel sein aber das Kriterium Validität nicht erfüllen; eine valide Studie dagegen ist immer reliabel und objektiv.

Die EQS erfüllt somit mehrere Ziele:
- Sie konzentrieren sich auf das Kernstück Ihrer Arbeit: das Ergebnis und wie Sie dieses erzielen und welche Einschränkungen wirken,
- Sie legen die grundsätzliche Basis für den Bereich der wiss. notwendigen Grundlegungen und Definitionen für Ihre Arbeit wie auch die zu verwendende Literatur,
- Sie sind sich am Ende der Studie sicher, wohin nun der Zug geht,

- Sie haben Zeichnung, Textelemente etc. quasi schon fertig,
- Sie können sich nach dieser Studie um den „übrigen Text" der BAA geruhsam kümmern, und
- Sie erarbeiten Ihre Erkenntnis selber – denn am Ende haben Sie den Titel der Arbeit verfestigt!

**Merke:** Ohne eine wissenschaftliche Studie als Basis ist es selbst einem Profi nicht ohne weiteres möglich, eine (natur-)wissenschaftliche Arbeit zu schreiben.

## *1.2 Motivation und Anschlussmöglichkeit*

Als Lerntherapeut beschäftige ich mich mit Schülern, die eine Teilleistungsschwäche (s. Anhang 2) diagnostiziert bekommen haben.

Mich interessierte in dem Zusammenhang die experimentelle Montessoripädagogik[4] und deren Wirkung, in Verbindung mit der Möglichkeit der Stärkung des Selbstwertgefühls. Dies ist mein Forschungsgegenstand – ich orientiere mich hierbei u. a. auch an dem Strukturmodell von Betz & Breuninger, die Schüler (und Eltern) in umfangreichen Therapiesitzungen behandelten.

Somit ist die Arbeit einerseits verortet in meiner Beruflichkeit und andrerseits besteht durch diese Studie die Möglichkeit, mich bzgl. meines therapeutischen Handelns reflexiv zu verhalten und zu lernen! Eine kurze Erläuterung zum Lerntherapie–Prozess: Der Prozess der Lerntherapie ist in Anhang 3 enthalten. Wichtig ist hierbei zu beachten, dass speziell der Bereich Fachdidaktik in dieser Studie angesprochen wird. Fachdidaktik meint: Die aktuell im Schulunterricht relevanten Fächer so zu betreuen, dass aufgrund der Teilleistungsschwäche (z. B. Rechenschwäche) eine Analogie erzeugt wird, die es dem Kind ermöglicht, den Stoff zu „begreifen", um seine Selbstlernkompetenz zu steigern. Diese Kompetenz ist eine **Fähigkeit** und wird in der Studie auch so bezeichnet.

---

[4] Sie kann insofern als experimentell bezeichnet werden, als die Beobachtung des Kindes den Lehrenden dazu führen soll, geeignete didaktische Techniken anzuwenden, um den Lernprozess maximal zu fördern. Als Grundgedanke der Montessoripädagogik gilt die Aufforderung „Hilf mir, es selbst zu tun".

Diese Analogie wird in der Fachdidaktik der Lerntherapie mit unterschiedlichsten Materialien erreicht, um dem Schüler den Lehrstoff begrifflich zu machen – und begreiflich! Diese Materialien unterscheiden sich erheblich von den Materialien in der Schule. Die unterstützende Maßnahme verursacht Kosten, die sich rechnen müssen. Insofern muss festgestellt werden, ob der Erfolg i. S. v. verbesserter Leistung und Motivation durch kreative Methoden und Materialien eintreten kann – q. e. d. durch diese Studie, basierend auf einer Untersuchungsplanung.

## 2 Untersuchungsplanung

Allerdings ist vorab ein Weg zu beschreiten, der mich erstmals erkenntnistheoretisch zu erkunden fordert, wie ich meine Forschungsfrage unter den Gesichtspunkten der Gütekriterien beantworten will.

Da ich eine Erhebung im „Feld" plane, führt mich dies zu einer empirischen analytischen (quantitativen) Forschung selber hin. Darüber hinaus verwende ich Ansätze des logischen Empirismus (Verifikation) und die Methodik des kritischen Rationalismus (Falsifikation) (vgl. Dieckmann 2008, S. 33) – hierzu ein Überblick in Anhang 8.

Zur Erläuterung: Im Gegensatz zur Methode selber steht das Verfahren, als eine Handlungsvorschrift. Ein Beispiel ist diese Studie selber in ihrer Struktur bzw. Gliederung: Sie ist eine Verfahrensvorschrift bzw. eine Konstruktionsanweisung, wie eine wissenschaftliche Arbeit zu untermauern ist – durch Form und Fragestellung.

**Fazit**
Es wird somit eine quantitative empirische Studie entwickelt und ausgearbeitet. Sie orientiert sich an den Regeln und Techniken der empirischen Sozialforschung, Psychologie und Pädagogik (vgl. Dieckmann 2008, S. 18).

**Arbeitstitel :**

Jede Studie hat einen Titel – so auch diese:

> „Empirische Arbeitsstudie über den Zusammenhang zwischen Motivation von Schülern mit Teilleistungsschwächen und Materialeinsatz in der Lerntherapie".

Die geplante Vorgehensweise ist (vgl. auch Diekmann 2008, S. 186f) wie folgend:

**Tabelle 1: Struktur**

| Untersuchungsplan | Vorgehensweise |
|---|---|
| Hypothese | Wie lautet die Annahme? |
| Forschungsfrage | Was wird detailliert betrachtet? |
| Ziel | Wie lautet das Ziel der Studie? |
| Design der Studie | Wie soll die Studie durchgeführt werden i. S. v. Erhebung? |
| Operationalisierung | Was wird gemessen und wie? |
| Erhebung | Was wird wie erhoben? |
| Durchführung | Wie ist der Ablauf? |
| Analyse und Ergebnisse | Welche Ergebnisse zeigen sich? |
| Interpretation | Was habe wurde erkannt, gemessen etc.? |
| Kritik | Was beeinflusste die Arbeit und welche Erkenntnis zeigt sich? |
| Anhänge | Welche Erläuterungen sind nötig – aber zu umfangreich selber, um im Textteil der Studie Platz zu finden? |
| Literaturverzeichnis | Welche fremden Gedanken wurden verwendet? |

Quelle: Eigene

**Hypothese**

Noch zur Klärung: Es sind Schüler (Kinder ab dem 7 Lebensjahr aufwärts), die meist von einem Kinder- und Jugendpsychologen eine Teilleistungsschwäche attestiert bekommen haben. Diese Schüler zeichnen sich in ihren Schulleistungen in bestimmten Fächern (z. B. in Deutsch oder in Mathematik) dadurch aus, dass ihre Noten erheblich unter dem Durchschnitt der Klasse liegen (also im Durschnitt „5")[5].

---

[5] Die Ursachen hierfür sind nicht Teil der EQS, sondern werden in der BAA erläutert.

Hypothesen sind im weitesten Sinne Vermutungen (Wahrscheinlichkeitsaussagen) und im Fall dieser EQS stellen diese textlich als eine „Wenn …. Dann"-Implikation dar (vgl. ebenda S. 124f.).

Die Begriffe „Unabhängige Variable" (UV) und „Abhängige Variable" (AV) sind hier zu erläutern. Ein Beispiel: „Wenn es regnet, dann ist die Straße nass". Dabei ist der Teil „regnet" die UV und „die Straße nass" die AV. Genauso könnte die Hypothese lauten: Wenn es regnet (UV), dann sind die Dächer nass (AV). Oder ein andres Beispiel: Je früher eine Physiotherapie erfolgt im Anschluss an eine Hüftoperation (UV), desto schneller erlangt der Patient eine Beweglichkeit zurück (AV).

Die unabhängige Variable (UV) ist also diejenige Variable, die in einer Untersuchung variiert wird, um deren Auswirkungen auf die abhängige Variable zu erfassen. Die UV ist die (eine) vermutete Einflussgröße bzw. die Ursache. Die UV heißt deshalb unabhängig, weil der Forscher diese Variable frei gestalten oder zumindest auswählen kann. Im einfachsten Fall besteht die UV aus zwei Ausprägungen, z. B. aus irgendeiner experimentellen Bedingung und einer Kontrollbedingung – wie im vorgenannten Fall der Set-Veränderung des Materials (vgl. Wacker 2001-2005).

Wichtig ist somit: Hat die UV (die Maßnahme, die Behandlung) einen Effekt auf die AV (den Schüler - > Note)? Trifft es also zu, was ich mit der Studie letzthin aufzeigen will, dass geeignetes Material die Schüler besser unterstützt im Lehr-Lern-Prozess? Ich konstruiere aufgrund meiner Erfahrung diese Vermutung in einer komplexen Form, in der ich aufzeige

- dass förderliches Material eingesetzt wird, das sich den Fertigkeiten des Kindes anpasst,
- dass dieses Material spielerisch das Interesse steigert und somit die die Fähigkeit zur aktiven Teilnahme am Unterricht fördert,
- dass der Selbstwert der Kinder dadurch steigt und
- dieses sich wiederum in einer Verbesserung der Note darstellt.

Zur Erinnerung, diese Kinder „schreiben sehr schlechte Noten". Ein Ziel der Lerntherapie ist, dem Kind mittels therapeutischer Zuwendung die Stärkung seines gefühlten Selbstwerts herbeizuführen und mittels fachdidaktischer Arbeit ihm zu einer schulischen Leistungssteigerung zu verhelfen, im Durchschnitt also seine Note zu verbessern, z. B. auf eine „Vier".

Hypothesenansatz:
„Wenn für Schüler mit Teilleistungsschwächen die Qualität des angebotenen Unterrichts und Unterrichtsmaterials sich deren Fertigkeiten kreativ anpasst, dann steigern sich nicht nur die Fähigkeiten zur aktiven Teilnahme in schulisch relevanten Fächern, sondern auch der Selbstwert der Kinder wird gefördert und die Leistungsnoten können um durchschnittlich eine Note verbessert werden."

Oder vereinfacht dargestellt:

„Wenn Lerntherapie als eine mögliche Intervention angezeigt scheint, dann verbessern sich die Noten des Kindes in den teilleistungsschwachen Fächern um durchschnittlich eine Note".

Sie sehen anhand vorgenannter Vermutung, dass eine erhebliche Komplexität auftritt. Insofern sind Hypothesen immer zu erläutern und argumentativ (also Behauptung, Begründung und Beispiel) zu untermauern – dies wird durch eine Detaillierung der Hypothesen durch s. g. Forschungsfragen gestützt.

**Forschungsfrage**

Ich habe diese letzthin durch o. g. Merkmale in Form einer Frage formuliert.

„Kann durch geeignetes und förderliches Material im Unterricht bzw. in der Therapie die Mitarbeit der Schüler motivational so gesteigert werden, dass die Leistung dieser sich verbessert"? Die Forschungsfrage ist quasi das „lyrische Ich" der BAA und EQS – sie spürt sich durch alle Kapitel hindurch und ist für den Prüfer, Leser etc. greifbar.

**Ziel**

Das Ziel ist es, mittels dieser BAA zu belegen, dass Schüler mit Teilleistungsschwächen dann besser lernen, wenn der Lehrstoff didaktisch unterstützend angeboten wird, die Teilleistungsschwäche als solche nicht zum Stigma führt und Spiel und Spaß mittels geeigneter Materialien den Schüler im Lehr-Lern-Prozess stützen. Insofern wird die Hypothese mittels einer EQS gestützt.

## 2.1 Design der Studie

Das Erhebungsdesign dieser Studie gibt an, wie eine Studie durchgeführt werden sollte, und wird von der o. g. Hypothese und deren stützenden Forschungsfragen determiniert.

Kurz gefasst kann behauptet werden, dass
- die Wahl der Teilnehmer (oder auch Gruppen),
- die Methoden der Datenerhebung,
- die zeitliche Struktur und
- weitere Aspekte der Durchführung

relevant sind.

Es wird in dieser EQS eine eigene Datenlage geschaffen, also nicht auf vorhandene Daten zurückgegriffen[6]. Weiterhin handelt es sich bei dieser Studie um ein „Ein-Gruppen-Design". Auch wenn zwei Gruppen vorhanden sind (Erläuterung „Warum" hierzu später), ist es eine Kohorte und es wird kein Vergleich der Gruppen untereinander angestrebt i. S. v. Vergleichs-Gruppen (vgl. ebenda, S. 329 f). Es ist jeweils von der Forschungsfrage abhängig, ob eine Vorher-, Nachher-, Vor- und Nachher- resp. eine davon unabhängige Messung gemacht wird. Hier entscheidet sich somit, ob eine Querschnitts- resp. eine Panelerhebung stattfindet. Im Rahmen dieser Studie wird eine

---

[6] Im Gegensatz hierzu eine Meta-Studie, die nicht eine eigene Datenlage schafft, sondern mehrere bestehende Studien nutzen, mit teils unterschiedlicher Datenlage.

Panelerhebung vorgenommen. Mit dem Paneldesign werden die Werte der gleichen Variablen (Schüler) zu mehreren (drei) Zeitpunkten, jedoch auf der Grundlage einer identischen Stichprobe erhoben (Panelwellen) – s. Anhang 7.

Die „bewusste" Auswahl der Teilnehmer erfolgte aufgrund der Kosten und Zeit wie auch bzgl. der eingegrenzten Forschungsfrage. Zur Erläuterung:

Die „Bewusste" Auswahl
- Diese läuft planvoll aufgrund vorheriger Überlegungen ab. Ob also ein Element aus der Grundgesamtheit ausgewählt wird, hängt vom Zutreffen vorher festgelegter – also benennbarer und intersubjektiv nachvollziehbarer – Kriterien ab.
    - Bewusste Auswahlen eignen sich besonders bei hypothesentestenden bzw. theorietestenden Untersuchungen und
    - bei deskriptiver Forschung vor allem für Analysen mit eng eingegrenzten Fragestellungen, wie in dieser EQS!

Im Gegensatz hierzu die „Willkürliche" Auswahl:
- Willkürlich heißt, dass die Entscheidung des Forschers, der die Auswahl plant / vornimmt, nicht durch einen Auswahlplan kontrolliert ist. Der Interviewer oder Beobachter „greift" nach Belieben Personen am beliebigen Ort zu einer beliebigen Zeit heraus.
    - Konsequenz: Willkürliche Auswahlen sind für statistisch kontrollierte wissenschaftliche Aussagen wertlos, allerdings in qualitativer Forschung erwünscht.

## *2. 2 Operationalisierung*

Die Operationalisierung (Messbarmachung) ist der Oberbegriff von Messung, Skalierung und Indexbildung. Sie legt fest, mit welchen Indikatoren ein theoretisches Konstrukt (z. B. Leistungssteigerung in der Schule – s. Indizes in Abb. 2) gemessen werden soll und in welcher Ausprägung dann diese die Realität widerspiegeln. Also „WAS wird WIE und WOMIT gemessen".

Messung

Die Ausprägung eines Merkmals bei einem bestimmten Objekt oder einer bestimmten Person ist zu einem bestimmten Zeitpunkt zu ermitteln. In vorliegendem Fall sind es z. B. Schüler (Einschätzungen / Benotung) bzgl. des Merkmals „Qualität des Materials". Allerdings kann von einer Messung aber erst dann gesprochen werden, wenn die Zuordnung so erfolgt, dass bestimmte empirisch feststellbare Relationen zwischen den Personen bzw. Objekten (Schüler, Material) auch durch entsprechende Relationen zwischen den zugeordneten Zahlen zum Ausdruck kommt.

Das Skalenniveau

Im Teil 1 (soziographische Daten) des Fragebogens, der von den Eltern auszufüllen ist, werden unterschiedliche Messniveaus verwendet. Es wird ausschließlich zu den Fragen an den Schüler (Fragebogen Teil 2) ein Messniveau vom Typ Ordinal verwendet. Das Ordinalniveau – also größer / kleiner – bietet sich speziell für Noten (Einschätzungen) an. Um die Einschätzung (Antworten) der Kinder zu den Fragen hiernach berechnen zu können, wird bei der Datenaufnahme in die Berechnungstabellen dieses Niveau in Zahlen umgewandelt. Erläuterung zu den Antwortzeilen im Teil 2 des Erhebungsbogens: Die zwei oberen Antwortzeilen sind für den Schüler gedacht. Diese Antworten werden am Ende dann aggregiert, mittels der Zahlen aus der nicht ersichtlichen dritten Zeile (s. u. angeführte Tabelle 2).

**Tabelle 2: Beispiel zu Antwortzeilen**

| nie | | | | | | | | immer |
|---|---|---|---|---|---|---|---|---|
| ☹ | | | | ☺ | | | | ☺ |
| 5 | 4,5 | 4 | 3,5 | 3 | 2,5 | 2 | 1,5 | 1 |

Quelle: Eigene

Die Indexbildung

Der Index „Note" mit den Dimensionen „Fähigkeit und Selbstwert" orientiert sich somit an der Hypothese und die Forschungsfragen sind in der Teildimension verortet.

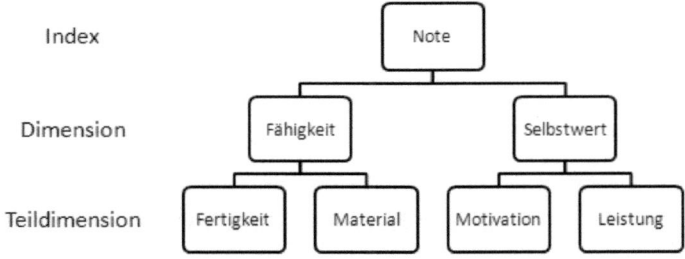

Quelle: Eigene

**Abbildung 2: Indexbildung**

## 2.3 Die Erhebung

Diese ist im Grunde genommen das Sammeln der Daten in einer geeigneten Form. Hier ein Überblick über die Formen der Befragung:

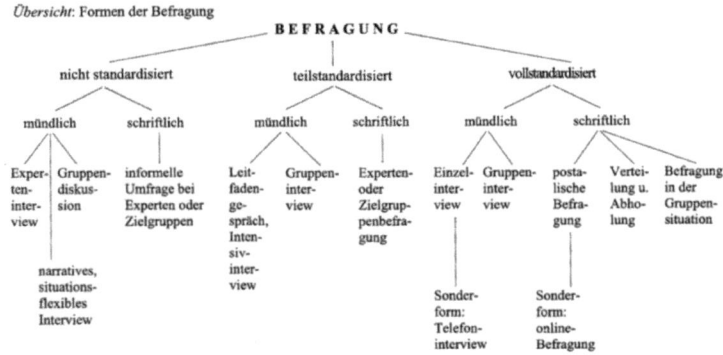

Quelle: Wacker (2001-2005)

**Abbildung 3: Struktur von Befragungen**

Die in dieser Studie verwendete Befragung ist ein teilstandardisiertes mündliches Intensivinterview mit schriftlichen Anteilen, also ein Mix-Mode. Grundsätzlich ist bei Fragen zu beachten: Sie müssen klar, eindeutig und vom Interviewer auf das Niveau des Interviewten transformiert werden.

**Fazit**

In dieser EQS wird mit den Schülern ein (an)geleitetes Interview in Form eines Fragebogens geführt. Weitere Informationen hierzu sind noch in der Durchführung enthalten. Diese Befragung umfasst zwei Erhebungsteile (s. Anhang 4 und Anhang 5). Der hierzu entworfene Erhebungsbogen ist im Anhang 5 S. XIX enthalten.

## 3. Durchführung

Noch vorweg hinwendend zu dem Begriff „Material" in der Hypothese – basierend auf dem Montessori-Gedanken, welche folgende Zuschreibung trifft:

„Bei ihrer Arbeit mit den Kindern benutzte Maria Montessori Arbeitsmaterialien, die die geistige Entwicklung über manuelle Tätigkeiten und Erfahrungen mit den Sinnen ermöglichen. Die Kinder können mit dem Material selbständig arbeiten und ihre Lernerfolge kontrollieren ... Darüber hinaus stehen den Kindern in Montessori-Einrichtungen neu entwickelte Arbeitsmaterialien zur Verfügung, die den veränderten Bedingungen der modernen Zeit Rechnung tragen." (IFAP 2012).

Die Durchführung der Studie erfolgte im Rahmen meiner Tätigkeit als Lerntherapeut (LT).

- Anzahl:
    o Die Zahl der in der Studie vorhandenen Schüler betrug 10.
- Auswahl:
    o Es sind nur Schüler mit den Diagnosen: ICD-10 F81.0-F81.3 ausgewählt. Die relevanten Definitionen sind im Anhang 2 S. XV enthalten. Das Alter liegt zwischen 9 und 11. Vermischt geschlechtlich. Kein Migrationshintergrund. Allesamt in der 4ten Klasse einer Grundschule.
- Kohorte:
    o Es wurden zwei Gruppen à 5 Kinder gebildet. Die Gruppen selber wurden in der Tisch-Zusammensetzung randomisiert. Diese Gruppenbildung sollte einen vorlaufenden gruppendynamischen Prozess gegenwirken.
- Dauer:
    o Die Therapie und Studie wurde mit den Schülern im Laufe von acht aufeinanderfolgenden Wochen durchgeführt. Jedes Kind war einmal pro

Woche 1,5 Stunden in der Therapie. Die Eltern erklärten sich mit der Vorgehensweise einverstanden.

- Erhebung:
    - In der ersten Woche wurde gegen Ende der LT-Stunde der Erhebungsbogen Teil 2 aufgenommen. Hierzu wurden die Daten kumuliert in der Tabelle (s. Anhang 1 S. XI) erfasst. Dazu wurden die Schüler teilanonymisiert. Die Einschätzung spiegelt nach Rückfrage die Noten in den Schulleistungen wider.
    - Die Erfassung selber begleitete noch ein Elternteil, zum einen aus Kontrollgründen, zum anderen wurden die Originale diesem Elternteil übergeben zur Weitergabe an die anderen Eltern. Insofern sind keine Detaildaten gespeichert. Gleiches wurde in der vierten und achten Woche vorgenommen.
    - Darüber hinaus wurde der Teil 1 des Erhebungsbogens in der ersten Woche mit den Eltern erhoben. Die Schüler bekamen hierbei zugeordnete Nummern in der Datenlage.
    - Die Soziographischen Daten (Teil 1) wurden ebenso am Ende der Studie im Beisein eines Elternteils gelöscht.
- Zusätzliche Kosten:
    - Zusätzliches Material für „Lebendiges Lernen analog zu Montessori-Material" musste beschafft werden.
- Verlauf der Fachdidaktik:
    - Nach der Ersterhebung der Daten setzte ich das Set an Materialien dahingehend ein, dass ein höherer Erlebniswert (subjektiven Indikatoren) für die Kinder im Vordergrund stand. Das Material bzgl. Outputs orientiert sich jedoch am Leistungsziel des Faches (z.B. Rechnen) an der Grundschule der 4ten Klasse.
    - Anstatt des klassischen Schulmaterials wie Bücher und Tafel nahm ich also Fotos (Text, freie Rede), Dominosteine (Rechnen, Mengen), Faltpapier (Geometrie) und Bälle (Rede /Antwort) sowie Memory und in Form und Farbe unterschiedlichste Stifte bzgl. Schreiben.

- o Eine Empfehlung ab der 3ten Woche an die Nachhilfe wurde gegeben. Z. Info: Die Kinder befinden sich auch in Nachhilfe, denn Lerntherapie ist keine Nachhilfe!
- Ort /Zeit:
  - o Der Ort der Durchführung war eine Niederlassung eins Vereins (Lernunterstützung deutschlandweit) in Stuttgart – in geeigneten Räumen immer ab 16:00 Uhr, jeweils mittwochs und donnerstags.

Der Messpunkt T1 wurde „Vorher" benannt. Die Messpunkte (s. Abb. 4) T2 + T3 wurden in einem aggregierten Messpunkt „Nachher" auf Basis eines arithmetischen Mittels im Detail berechnet, um den Primacy-Recency-Effekt[7] etwas abzumildern (s. Anhang 7 – Detailplanung der Messpunkte).

Innerhalb dieser Messpunkte wurden zu der jeweiligen Fachdidaktik noch zusätzliche Schwerpunkte mit eingebaut, die die spielerische Seite des Kindes unterstützt.

| Sitzung | Spiele/Inhalte | Diagnostische/therapeutische Schwerpunkte |
|---|---|---|
| 1 | Steinspiel<br>Entspannungstraining | Selbst-/Körperwahrnehmung, Konzentration, Entspannung, Verbalisierung von Empfindungen |
| 2 | Angstabwehrmaßnahmen | Selbst-/Körperwahrnehmung, Wahrnehmung Angstreaktionen, Probebewältigung angstauslösender Situationen in der Vorstellung |
| 3 | Entspannungstraining<br>Tafelspiel | Entspannung, Bewertungen, Selbstverbalisation, Selbstinstruktion, Attribuierungen |
| 4 | Einfühlungsspiel<br>Beziehungsteppich | Selbst-/Fremdwahrnehmung, Gruppendynamik, Feedback |
| 5 | „Franz traut sich nicht zu schwimmen" | Selbst-Stigmatisierung, Bewertung, Attribuierung, Therapiemotivation |
| 6<br>7<br>8 | Rollenspiel<br>Rollenspiel<br>Rollenspiel | Bearbeitung realer Sozialprobleme, Erarbeitung realistischer/sachgerechter Lösungen, Training sozialkompetentes Verhalten, Vermittlung Problemlösungsstrategien |

Quelle: IEK 20120 auf Basis Betz / Breuniger

**Abbildung 4: Zusätzliche Schwerpunkte**

---

[7] Zur Erläuterung des Effekts: Sollen zum Beispiel Wörter aus einer Liste unmittelbar nach dem Lernen in beliebiger Reihenfolge wiedergegeben werden und trägt man die Behaltensleistung als Funktion der Listenposition ab, ergibt sich eine U-förmige Beziehung zwischen Position und Häufigkeit der korrekten Wiedergaben. Erste (Primateffekt; primacy effect) und letzte (Rezenzeffekt; recency effect) werden im Vergleich zu mittleren Wörtern (asymptotic effect) besser behalten (vgl. Fröhlich 2002, s. 340). Dieser Effekt ist somit ein psychologisches Gedächtnisphänomen.

**Fazit**

Es wurde somit die Unabhängige Variable (UV); in dem Fall das Material variiert, während die Abhängige Variable (der Schüler) gleich blieb (dies ist auch die Voraussetzung für das Panel). Einige Störvariablen[8] wurden durch die Ortswahl weitestehend ausgeschlossen. Die Eltern erklärten sich mit der Vorgehensweise einverstanden und es erfolgte eine Nachbesprechung (Elternabend) im Nachgang zu dieser Studie.

## *3.1 Analyse*

Es muss hierbei geklärt werden, was bedeutet Analyse der „gefundenen" Ergebnisse mit Hinblick auf die Hypothese und Forschungsfrage. Hierzu bedarf es einer genauen Evaluation der erhobenen Werte, unter den Gesichtspunkten von Validität und Reliabilität. Die Daten werden vorab inhaltlich und rechnerisch (valide) nochmals überprüft auf Vollständigkeit. Die Daten-Analyse selber begrenzte sich auf die Vollständigkeit der erhobenen Werte und deren kumulierte Aufnahme in die Tabelle zu den drei (zwei) Messpunkten („Vorher und Nachher").

Nun muss ein Befund geschrieben werden, also: Was habe ich als Forscher getan. Noch ein Hinweis: Die im Befund **fettgedruckten Wörter** sind Schlüsselwörter, diese sind in einem Befund zu berücksichtigen, soweit notwendig.

### 3.1.1 Der Befund

- Es wurde nur eine **Kohorte** (Gruppe) gebildet. Die **Repräsentativität** zu anderen Gruppen innerhalb schulischer Entwicklungsstörungen ist gegeben, da mehrheitlich Dyskalkulie und LRS vorhanden ist (**Annahme- und Ablehnungsbereich**).

---

[8] Störvariable sind Einflüsse, die nur in klinischen Experimenten weitestgehend ausgeschlossen werden können. Im o.g. Beispiel sind es Störungen wie: Geschwister, Fernsehen etc.

- Die **Aufnahme der Daten** der Schüler erfolgte anonym in dem Erhebungsbogen über eine Nummer, als gleiche Nummer über die Messpunkte.
- Der **Typ von Untersuchung** erfolgte mittels Panelbefragung mit Mitteln der Umfrageforschung (Interview).
- **Das Verfahren der** Datenerhebung erfolgte mittels angeleiteten Interviews durch den Forscher.
- Die **Geschlechterverteilung** war in etwa gleich.
- Das verwendete Material (vorher) entspricht bzgl. des **Erlebniswerts** dem, der in einer Grundschule verwendeten Materialien (Bücher etc.). Die beschafften Materialien für „Nachher" entstammen ursächlich den Möglichkeiten einer Montessori-Schule (Jahrgangsstufengerecht)[9].
- Die **Altersstruktur** ist meist identisch; es wurden nur Schüler zwischen 9 und 11 Jahren berücksichtigt.
- Die persönlichen Daten sind gelöscht; somit wurde dem **Datenschutzgesetz** Rechnung getragen und es ist kein Rückschluss mehr auf die Individuen möglich.
- Die Teilnehmer (Schüler) im Rahmen der Studie waren **vollständig** anwesend.
- Der **gewählte Zeitrahmen** am LT-Tag und zur Uhrzeit 16:00 h war nicht immer passend, da z. T. Sportunterricht ausfiel für diese Schüler. Dies galt jedoch nicht im zweiten Teil der Studie. Die **objektiven Indikatoren** (Leistungsergebnisse waren Rückmeldungen der Eltern zu Test in den Schulen) und **subjektiven Indikatoren** (Einschätzungen) sind beschrieben. In dem Punkt Kritik gehe ich noch auf zusätzlichen subjektiven Indikatoren ein.
- Das zusätzliche Material war entsprechend dem erwarteten Erlebniswert.
- **Der Forscher war** Johann Marek; es war keine **Auftragsforschung**. Ein Elternteil unterstützte mich bei der Aufnahme der Daten und der Kontrolle.
- **Die Kosten** fielen insgesamt gering aus, da die Schüler in einer Therapiemaßnahme über das Jugendamt inkludiert waren.

---

[9] S. auch URL: http://www.pieks-fas.de/index.php/schule.html Stand [20.02.2012] bzw. URL: http://www.montessori.de/ Stand [10.1.2012].

- - o Die Kosten der Lerntherapie selber würde ich bei 140 Stunden à 30,-- Euro mit 4.200,-- Euro ansetzen zuzüglich Materialkosten von 149,-- Euro.
  - o Unterschätzt wurde die „Gesprächsbereitschaft" der Eltern; diese Elternarbeit (8 Stunden à 30,-- Euro) musste zusätzlich geleistet werden.
- Als **Grundkonzepte** gelten Montessoripädagogik und Lerntherapeutische Arbeiten von Betz / Breuninger.
- Als **Indizes** wurde u. a. der Selbstwert + Kompetenz mit Blick auf die Note (Einschätzung) angesetzt.
- Die **Verhaltensindikatoren** (Leistung) und **Erlebensindikatoren** (Motivation) sind beschrieben.
- Ein **spezielles Modell der vermuteten Wirkungszusammenhänge** wurde **nicht zusätzlich** entwickelt, da dieses **bereits existiert** (s. Anhang 6a / 6b / 6c S. XXIVff nach Betz /Breuninger).
- Es werden **spezielle Auswertungstechniken** und -verfahren eingesetzt (Signifikanztests begrenzt auf zwei Gegenrechnungen, logische Regressionsanalyse, Lage und Streumaße usw.).
- Die **objektive / intersubjektive** Überprüfbarkeit bzw. Übereinstimmung wird sichergestellt durch die Datenlage und bestehende bewährte Hypothesen aus der Pädagogik.

Den zeitlichen Aufwand für die Studie setze ich im Rahmen der wissenschaftlichen Arbeit mit 90 Stunden an. Die Entwicklung der Fragebögen selber (im Rahmen eines Workshops an der Technischen Universität Kaiserslautern) kann mit 60 Stunden angesetzt werden.

Die Daten (mehrheitlich Zahlen) liegen in aggregierter Form vor und sind Basis für die notwendigen statistischen Berechnungen.

## 3.1.2 Exkurs Statistik

Ich beschreibe hier nur kurz die statistischen Maße, die auch in dieser EQS Verwendung finden (vgl. Sedlmeier / Renkewitz 2008, S. 184 f).

<u>Deskriptive Statistik – verwendete Lagemaße</u>
- Das arithmetische Mittel (auch Durchschnitt) ist ein Mittelwert, der als Quotient aus der Summe aller Werte und deren Anzahl der Werte definiert ist.

$$\overline{x} = \frac{1}{n}\sum_{i=1}^{n} x_i$$

  - Beispiel: Die Zahlen / Werte: 11, 12, 12, 12, 140, 15, 16 = 218.
  - Summe (218) / Anzahl (7) = Quotient (31,142).

- Der Modus (Modalwert) ist bei einer empirischen Häufigkeitsverteilung der häufigste Wert.
  - Beispiel: Die Zahlen / Werte: 11, 12, 12, 12, 140, 15, 16 = 12 ist der Modalwert. Idealerweise werden die Werte sortiert.

- Der Median ist derjenige Wert (Merkmalsausprägung), der in der Mitte steht, wenn alle Beobachtungswerte $X_i$ der Größe nach geordnet sind (Ordinal-Skala).
  - Beispiel: die Geldmengen 120, 121, 130, 150, **160, 170**, 190, 200, 5000
  - In diesem Fall würde der Wert 160 den Median ergeben. Der Durchschnitt wäre jedoch aufgrund des 5000er Wertes erheblich höher (693,4) als der Median. Hier hilft man sich, indem man den mittleren Wert (160) mit dem nächst höheren Wert (170) multipliziert und dann durch 2 teilt -> Somit lautet der Median =165.

## Deskriptive Statistik – verwendete Streuungsmaße

Streuungsmaße sind meist an o. g. Lagemaße gekoppelt. Sie erlauben weitergehende Berechnungen und stützen Aussagen (vgl. Sedlmeier / Renkewitz 2008, S. 196).

- Varianz: Diese stellt die summierte und quadrierte Abweichung aller Werte dar.

$$s^2 = \frac{1}{n-1} \sum_{i=1}^{n} (x_i - \bar{x})^2$$

- Als Basis verwende ich zur Berechnung jetzt den Mittelwert.
    - Beispiel: Die Zahlen / Werte: 2, 3, 4, 5, 5 = 19
    - Summe (19) / Anzahl (5) = Quotient (3,8) = Mittelwert.
    - Nun berechne ich die Abweichung (also z. B. 2 - 3,8 = -1,8) und das Quadrat der Zahlen (z. B. -1,8 mal -1,8), bilde die Summe und teile diese dann durch die Häufigkeit. Zur Info noch: Die Varianz wird mit $s^2$ bezeichnet.
        - Berechnung der Abweichung
            - $(-1{,}8^2 + -0{,}8^2 + 0{,}2^2 + 1{,}2^2 + 1{,}2^2) = 6{,}8$
            - 6,8 teilen durch 5 = **1,36**
- Standardabweichung: Weil quadrierte Werte oft schlecht interpretierbar scheinen, wird die Wurzel der Varianz als Streumaß verwendet – sie ist quasi die Streuung – ausgehend von der Varianz. Zur Information noch: Die Standardabweichung wird mit **s** bezeichnet.

$$s = \sqrt{s^2} = \left( \frac{1}{n-1} \sum_{i=1}^{n} (x_i - \bar{x})^2 \right)^{1/2}$$

- In o. g. Fall bedeutet dies die Wurzel aus 1,36 = 1,17 (vgl. ebenda)

Gerade für die Darstellung (Erklärungsmuster) von Häufigkeiten wird in der Statistik die Nominalverteilung verwendet. Man geht also davon aus, dass in einer Menge „X" eine glockenkurvige Verteilung (Häufigkeit) existiert.

Sie können anhand der Abb. 5 weiterhin die Streuung von der Varianz erkennen. Darüber hinaus dient diese Abbildung noch für Erklärungen im Signifikanztest – dazu jedoch später.

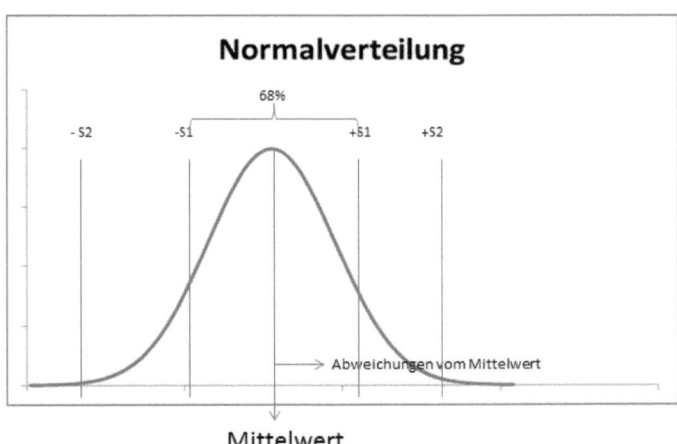

Quelle: Eigene
**Abbildung 5: Beispiel einer Normalverteilung**

Rückblick:

Mit einer Hypothese trifft man eine Wahrscheinlichkeitsaussage. Die Standardabweichung ist in der Statistik das Maß für die Streuung der Werte einer Variablen, um ihren Mittelwert. An sich kann man sagen, dass bei einer „+ oder –„ Abweichung vom Mittelwert um eine Standardabweichung mit dem Wert „Absolut 1" ca. 68 % der gewählten Population getroffen wird. Bei einer Standardabweichung beidseitig mit dem Wert von „Absolut 2" trifft man schon 95% aller Variablen der Population; also alle Werte zwischen –S2 und +S2).Eine Hypothese, die eine Trefferzahl der Variablen von 95% ausmacht scheint somit geeignet für diese EQS (95% ist meist Standardwahrscheinlichkeit).

Achtung: Gerade bei kleinen Mengen ist es meist unwahrscheilich, dass sich so eine symmetrische Glockenkurve wie oben ergibt. Hierzu später Anmerkungen im Kapitel U-Test.

Explorative Statistik

Am weitesten verbreitet sind Aussagen zu Regressionen (Trend) und Korrelationen. Eine Korrelation beschreibt eine Beziehung zwischen zwei oder mehreren Merkmalen, Ereignissen oder Zuständen. Für Trendermittlungen bietet sich diese einfache Form an. Zur Information: Ob ein gemessener Korrelationskoeffizient als stark / schwach resp. hoch / klein ausgelegt wird, hängt von der Art der untersuchten Daten ab.

Bei psychologischen Fragebogendaten wie im vorliegendem Fall – also Einschätzen – werden z. B. Werte bis ca. 0,3 häufig als klein angesehen, ab ca. 0,5 als gut, während man ab ca. 0,7-0,8 von einer (sehr) hohen Korrelation spricht.

Wichtig:
- Bei der Regression kann von einer Wirkungsrichtung gesprochen werden.
- Die Korrelation dagegen kann keine KAUSALITÄT erzeugen!

## 3.2 Die Ergebnisse

Die erhobenen Detaildaten wurden validiert. Das Messverfahren liefert das, was gefragt wurde – eine Einschätzung der Schüler (AV) zu unterschiedlichen Zeitpunkten zu verwendeten Materialien (UV). Eine genaue Aufstellung der aggregierten Daten liefert **Anhang 1** S. XIf., hier können die Daten aus den (drei) zwei Messpunkten abgelesen werden. Es erfolgten Berechnungen für die Beschreibung und Schlussfolgerung.

Gebildet wurden nachstehende statistische und stochastische Werte resp. Aussagen:
- Das arithmetische Mittel, der Modus, der Median,
- die Varianz und Standardabweichung.

Darüber hinaus wurde:
- ein Panel über die Messpunkte erstellt,
- ein Verschiebungsdiagramm gebildet,
- eine Trendberechnung / Regression vorgenommen und Kovariationen aufgezeigt wie auch ein
- Signifikanztest erstellt.

Alle Daten sind gesichert und dokumentiert. Nachstehend die Daten aus dem Soziogramm.

| Schüler Nummer | Diagnose (F81.0-F81.3) | Alter | Geschlecht : w=1 /m=2 | Brüder | Schwestern | Geschwister |
|---|---|---|---|---|---|---|
| 5 | 0 | 9 | 1 | 1 |  | 1 |
| 1 | 0 | 9 | 1 |  |  | 0 |
| 3 | 0 | 10 | 2 |  | 2 | 2 |
| 7 | 0 | 11 | 1 |  |  | 0 |
| 9 | 1 | 10 | 1 | 2 | 1 | 3 |
| 8 | 1 | 10 | 1 |  |  | 0 |
| 6 | 2 | 9 | 2 |  | 2 | 2 |
| 10 | 2 | 10 | 1 |  |  | 0 |
| 2 | 2 | 10 | 2 | 1 |  | 1 |
| 4 | 3 | 9 | 2 |  |  | 0 |

Quelle: Eigene

**Abbildung 6: Soziogramm-Daten**

Diese Daten sind Basis für weitergehende Begründungen in der Argumentation und Interpretation der EQS.

# 4. Die Interpretation

Die zu erwarteten Ergebnisse sind insofern erreicht, als dass diese die Forschungsfrage wie auch die Hypothese unterstützen.

Hier zur Wiederholung die Forschungsfrage:
- „Kann durch geeignetes und förderliches Material im Unterricht bzw. in der Therapie die Mitarbeit der Schüler motivational so gesteigert werden, dass die Leistung dieser sich verbessert"?

## 4.1 Graphiken argumentieren

Ein Panel (Abb. 8) zeigt auf, das der Einsatz zu einer besseren motivationalen Selbsteinschätzung der Schüler im kumulierten zweiten Messbereich führt. Gerade im arithmetischen Mittel beträgt dies fast eine ganze Note. Ein anderes – als Panel dargestelltes Diagramm (Abb. 7 – stammt aus der Exponentialverteilungsrechnung) bestätigt das Panel in Abb. 8.

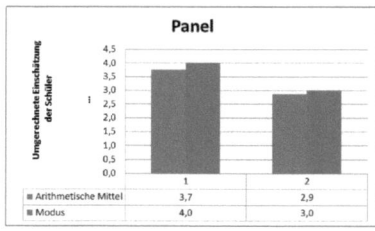

Abbildung 8: Panel                Abbildung 7: Panel über Fragen

Die Einschätzung zu allen Qualitätsfragen bzw. Kriterien bringt noch eine genauere Sicht auf die Verschiebung. Gerade diese Detailsicht zeigt auf, in welchen Fragen sich erhebliche Verschiebungen in den Messpunkten ergeben haben bzgl. der Kohorte „Schüler".

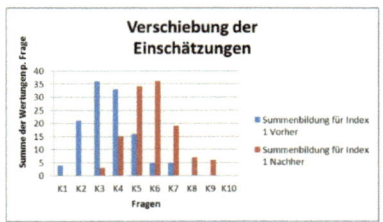
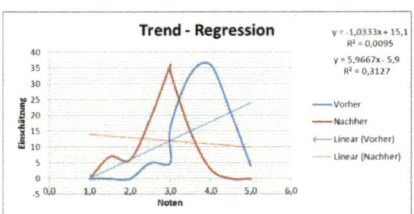

**Abbildung 9: Verschiebung**      **Abbildung 10: Trend**

Die Trendlinie und Regression unterstützt letzthin die Hypothese, dass mit einem verbesserten didaktischen Ansatz (Qualität des Materials) eine Verbesserung nachhaltig zu erwarten ist. Der Befund zur Hypothese lässt auf den ersten Blick erstmals vorsichtig vermuten, **dass** mittels des Ansatzes „Lebendiges Lernen" i. S. v. richtigem Materialeinsatz Schülern damit geholfen werden kann; denn die Wirkrichtung „Trendlinie Nachher" der UV zur AV ist linear monoton fallend (Regressionsdiagramm). Zur Erläuterung: Fallend deswegen, weil die Einschätzung der Schüler in der semantischen Distanz [1; 5] erfolgte – also eine Verbesserung sich auf der X-Achse in einem Diagramm nach links oben bewegt.

## *4.2 Kovariationen*

Kovariationen sind erwünschte zusätzliche Erkenntnisse, die in der Planung eines EQS nicht angedacht wurden. Weitere Daten lassen sich aus der Analyse der soziografischen Daten aufzeigen.

| Analyse | Modus | Median | Mittelwert |
|---|---|---|---|
| Diagnose (F81.0-F81.3) | 0 | 1 | 1,1 |
| Geschlecht: w=1 /m=2 | 1 | 1 | 1,4 |
| Brüder | 1 |  | 0,4 |
| Schwester | 2 |  | 0,5 |
| Geschwister |  |  | 0,9 |
| Korrelation Diagnose zu Geschlecht |  |  | 0,508340227 |

Quelle: Eigene

**Abbildung 11 Kovariation**

Die Korrelation „Diagnose zu Geschlecht" (s.o. Abbildung)„ scheint sich als „gut" darzustellen bzgl. der Diagnose LRS und dem männlichen Geschlecht, da hier der Wert > 0,5 ist. Eine Kausalität liegt jedoch nicht vor!

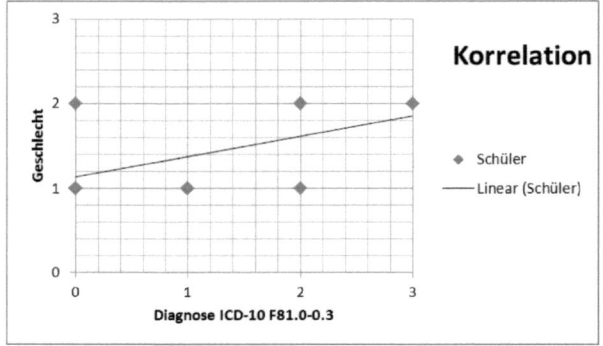

Quelle: Eigene
**Abbildung 12: Korrelation**

**Fazit**

Doch vorgenannte Informationen und Auswertungen unterstützen lediglich die Forschungsfragen, aber nicht die Bewährung einer Hypothese. Es muss deshalb eine Schlussfolgerung aus dem Bereich der Inferenz-Statistik herbeigeführt werden, die gerade bei „Vorher- und Nachher-Betrachtungen" relevant ist.

Hierfür wird meist in wissenschaftlichen Begründungen für eine Hypothese ein s.g. Signifikanztest vorgenommen, der sich durch ein formalistisch notwendiges Verfahren auszeichnet.

## 4.3 Signifikanztest

Dazu ist ein einfacher Ablauf notwendig (vgl. Wacker 2001-2005; Sedlmeier / Renkewitz 2008, S. 390 f; Diekmann 2009, S. 704 f):
1. Formuliere die Nullhypothese ($H_0$).
2. Formuliere die der $H_0$ logisch entgegengesetzte Alternativhypothese ($H_1$).
3. Lege das akzeptierte Irrtumsrisiko (Signifikanzniveau α) fest (üblich: 5%)
4. Auf Basis der Erhebung bestimme eine geeignete statistische Kenngröße des interessierenden Merkmals. Diese ist die „Fähigkeit sich aktiver Teilhabe am schulischen Lernen auszusetzten – die Einschätzung der Schüler im Fragebogen".
5. Wähle die geeignete theoretische Prüfverteilung aus und vergleiche den empirisch bestimmten Testwert mit dem bei Gültigkeit der Nullhypothese bei einem akzeptierten Irrtumsrisiko (Alpha) zu erwartenden theoretischen Wert.
6. Triff je nach Ausgang des Vergleichs die Entscheidung, die Nullhypothese $H_0$ beizubehalten oder zu verwerfen!

Was bedeutet Signifikanz? Es handelt sich um die Aussagekraft, die eine Hypothese aufzeigt. Diese Aussagekraft dient als Entscheidungsregel für Hypothesen. Im Sinne des kritischen Rationalismus (s. Anhang 8: nach Popper[10]) müssen Basissätze vorhanden sein dergestalt:
- $F_0$: Forschungsfrage
- $H_1$: Hypothese – ist meine gewählte Hypothese
- $M_V$: Material vorher
- $L_V$: Leistungsbereitschaft vorher
- $M_n$: Material nachher
- $L_n$: Leistungsbereitschaft nachher
- $N_n$: Note steigt – im Durchschnitt um 1 [0,5;1,5]
- $K_n$: Fähigkeit Lernen gesteigert

---

[10] Recherchieren Sie bitte hierzu!

Der Basissatz 1 lautet zu den Dimensionen „Fähigkeit und Selbstwert":

$F_0: M_n > M_V \Rightarrow L_n > L_V$

Die Nullhypothese ($H_0$) wäre in diesem Fall, dass die Leistungssteigerung **nicht zu einer messbaren** Verbesserung der Note sich ausdrückt. Es gilt hier der Basissatz 2 zu Index Note: $H_0: F_0 \rightarrow N_n$. Insofern kann die Nullhypothese (These) als die Falsifizierung von Alternativhypothese ($H_1$) angesehen werden.

Hinweis: Diese Hypothese ist eine statistische Hypothese – sie bezieht sich immer auf die gewählte Population (s. Auswahl / Diagnose / Alter) und ihre Kennwerte. Der Gültigkeitsanspruch meiner Hypothese erstreckt sich niemals auf den empirischen Einzelfall.

Als Alternativhypothese ($H_1$) gilt, dass es **zu einer messbaren** schulischen Verbesserung kommt. Es gilt hier der Basissatz 3 zu Index Note: $H_1: F_0 \Rightarrow N_n;$

Exkurs: Berechnung einer Signifikanz. Ich zitiere hierzu Wacker (2001-2005, Signifikanztest, s. Seite 4):

„Nehmen wir der Einfachheit halber an, uns sei der wahre Mittelwert µ einer intervallskalierten Variablen bekannt. Wir ziehen nun aus der zugehörigen Grundgesamtheit eine Zufallsstichprobe und bestimmen das arithmetische Mittel. Wir haben zuvor festgelegt, ob wir einseitig oder zweiseitig prüfen. Da Mittelwerte aus Zufallsstichproben um den wahren Mittelwert µ [Varianz] normalverteilt sind, müssen wir entscheiden, in welcher Höhe wir das α-Risiko akzeptieren wollen. Wenn wir uns z. B. für α = 5%[11] entscheiden und zweiseitig testen, kappen wir an jedem Ende der Normalverteilung 2,5% der Fläche ab und erhalten so unsere kritischen Werte. Von Stichprobenmittelwerten, die in diese Extremzonen fallen, nehmen wir an, dass sie nicht mehr durch den Stichprobenfehler („Zufall') zu erklären sind. Die Nullhypothese würde in diesem Fall also

---

[11] Das α–Risiko (5%) bezeichnet die Irrtumswahrscheinlichkeit (s. hierzu auch Abbildung 5).

verworfen. Die festgelegte Irrtumswahrscheinlichkeit besagt daher: Würden wir sehr viele Zufallsstichproben ziehen, so kann man damit rechnen, dass in höchstens 5% der Fälle eine wahre Hypothese irrtümlich verworfen wird, also ein α-Fehler auftritt".

Eine Vorgehensweise, um die Hypothese zu testen, ist ein zum Beispiel ein Mittelwerttest (t-Test[12]) nach Neyman und Pearson. Ein anderer Test ist der von Mann-Whitney (U-Test). Er ist einer der am häufigsten verwendeten Rangtests.

### 4.3.1 U-Test Berechnung nach Mann & Whitney

Mit dem U-Test kann geprüft werden, ob zwischen zwei unabhängigen Stichproben, hinsichtlich einer abhängigen Variablen, signifikante Unterschiede bestehen. „Signifikant" bedeutet, dass es sich bei den festgestellten Unterschieden nicht um einen Zufall handelt, welcher der Qualität der gegebenen Stichproben zugeschrieben werden kann, sondern dass die Unterschiede als ein Ergebnis der bestehenden Beziehung (Alternativhypothese H1 angenommen) betrachtet werden können (vgl. auch Sedlmeier / Renkewitz 2008, S. 581 ff).

Die Schritte:
Die erhobenen Daten aus den Fragen an die Schüler werden kumuliert dargestellt zu dem Messpunkten „Vorher" und „Nachher".

**Tabelle 3: Vorher Messpunkt**

| Schritt 1: Vorher | | | Legende: F1 = Frage 1 etc. | | | | | | | | |
|---|---|---|---|---|---|---|---|---|---|---|---|
| Kind | F1 | F2 | F3 | F4 | F5 | F6 | F7 | F8 | F9 | F10 | Σ Punkte | Anteil an den Gesamt-punkten (%) |
| 1 | 3 | 4 | 5 | 5 | 3 | 3 | 3 | 4 | 4 | 4 | 38 | 8,44 |
| 2 | 3 | 4 | 3 | 6 | 4 | 3 | 5 | 4 | 6 | 4 | 42 | 9,33 |
| 3 | 5 | 6 | 5 | 3 | 6 | 3 | 4 | 3 | 5 | 6 | 46 | 10,22 |
| 4 | 6 | 6 | 5 | 6 | 5 | 5 | 6 | 3 | 3 | 5 | 50 | 11,11 |
| 5 | 6 | 6 | 4 | 6 | 3 | 5 | 4 | 4 | 5 | 3 | 46 | 10,22 |

---

[12] Es existieren viele Testverfahren, wie dieser „t-Test". Es ist ein gängiges Testverfahren – der gewählte Test stammt von Neyman und Pearson (vgl. Sedlmeier /Renkewitz 2008, S365ff).

| | | | | | | | | | | | |
|---|---|---|---|---|---|---|---|---|---|---|---|
| 6 | 5 | 4 | 5 | 5 | 3 | 6 | 3 | 5 | 5 | 3 | 44 | 9,78 |
| 7 | 3 | 3 | 4 | 5 | 4 | 4 | 6 | 4 | 3 | 5 | 41 | 9,11 |
| 8 | 5 | 3 | 6 | 4 | 4 | 4 | 6 | 3 | 4 | 6 | 45 | 10,00 |
| 9 | 5 | 6 | 3 | 4 | 6 | 6 | 6 | 6 | 3 | 6 | 51 | 11,33 |
| 10 | 4 | 5 | 5 | 5 | 5 | 6 | 3 | 4 | 6 | 4 | 47 | 10,44 |
| Σ Punkte | 45 | 47 | 45 | 49 | 57 | 45 | 46 | 40 | 44 | 46 | 450 | 100,00 |
| Mittelwert | 4,5 | 4,7 | 4,5 | 4,9 | 4 | 5 | 4,6 | 4 | 4 | 4,6 | 45 | n/a |
| Max | 6 | 6 | 6 | 6 | 6 | 6 | 6 | 6 | 6 | 6 | 51 | 11,33 |
| Min | 3 | 3 | 3 | 3 | 3 | 3 | 3 | 3 | 3 | 3 | 38 | 8,44 |
| Mod | 5 | 6 | 5 | 5 | 3 | 3 | 6 | 4 | 5 | 4 | n/a | n/a |

Quelle: Eigene

**Tabelle 4: Nachher Messpunkt**

| Schritt 2: Nachher | | | | Legende: F1 = Frage 1 etc. | | | | | | | | |
|---|---|---|---|---|---|---|---|---|---|---|---|---|
| Kind | F1 | F2 | F3 | F4 | F5 | F6 | F7 | F8 | F9 | F10 | Σ Punkte | Anteil an den Gesamtpunkten (%) |
| 1 | 3 | 2 | 2 | 2 | 3 | 4 | 3 | 2 | 4 | 3 | 28 | 7,95 |
| 2 | 2 | 3 | 5 | 5 | 5 | 3 | 4 | 2 | 2 | 3 | 34 | 9,66 |
| 3 | 5 | 5 | 5 | 3 | 5 | 5 | 3 | 2 | 2 | 4 | 39 | 11,08 |
| 4 | 4 | 2 | 5 | 5 | 4 | 5 | 2 | 3 | 2 | 2 | 34 | 9,66 |
| 5 | 5 | 2 | 2 | 5 | 4 | 5 | 5 | 2 | 3 | 5 | 38 | 10,80 |
| 6 | 2 | 3 | 4 | 5 | 4 | 4 | 2 | 4 | 5 | 5 | 38 | 10,80 |
| 7 | 4 | 3 | 5 | 3 | 5 | 5 | 2 | 2 | 5 | 4 | 38 | 10,80 |
| 8 | 4 | 4 | 4 | 4 | 5 | 2 | 5 | 3 | 4 | 5 | 40 | 11,36 |
| 9 | 3 | 3 | 4 | 3 | 5 | 2 | 4 | 3 | 5 | 2 | 34 | 9,66 |
| 10 | 2 | 2 | 3 | 2 | 5 | 4 | 2 | 3 | 2 | 4 | 29 | 8,24 |
| Σ Punkte | 34 | 29 | 39 | 37 | 55 | 39 | 32 | 26 | 34 | 37 | 352 | 100 |
| Mittelwert | 3,4 | 2,9 | 3,9 | 3,7 | 5 | 4 | 3,2 | 2,6 | 3 | 3,7 | 35,2 | n/a |
| Max | 5 | 5 | 5 | 5 | 5 | 5 | 5 | 4 | 5 | 5 | 40 | 11,36 |
| Min | 2 | 2 | 2 | 2 | 3 | 2 | 2 | 2 | 2 | 2 | 28 | 7,95 |
| Mod | 2 | 2 | 5 | 5 | 5 | 5 | 2 | 2 | 2 | 4 | n/a | n/a |

Quelle: Eigene

Der nächste Schritt zeigt im Vergleich der Vorher-Nachhermessung, ob es zu Veränderungen gekommen ist.

Tabelle 5: Verbesserung / Verschlechterung

| Schritt 3: Auswertung der Fragebögen | | | | |
|---|---|---|---|---|
| Kind | Vorher | Nachher | Verbesserung(-); Verschlechterung (+) | Verbesserung / Verschlechterung in% |
| 1 | 38 | 28 | -10 | 26,32 |
| 2 | 42 | 34 | -8 | 19,05 |
| 3 | 46 | 39 | -7 | 15,22 |
| 4 | 50 | 34 | -16 | 32,00 |
| 5 | 46 | 38 | -8 | 17,39 |
| 6 | 44 | 38 | -6 | 13,64 |
| 7 | 41 | 38 | -3 | 7,32 |
| 8 | 45 | 40 | -5 | 11,11 |
| 9 | 51 | 34 | -17 | 33,33 |
| 10 | 47 | 29 | -18 | 38,30 |
| Σ Punkte | 450 | 352 | -98 | n / a |
| Mittelwert | n / a | n / a | -9,8 | 21,37 |
| Min | n / a | n / a | -3 | 7,32 |
| Max | n / a | n / a | -18 | 38,30 |

Quelle: Eigene

Tabelle 6: Stammblatt

| Schritt 4: Stamm-Blatt-Diagramm | | |
|---|---|---|
| Vorher | Intervall | Nachher |
|  | 10 |  |
|  | 20 | 8,9 |
| 8 | 30 | 4,9,4,8,8,8,4 |
| 2,6,6,4,1,7 | 40 | 0 |
| 0.1 | 50 |  |
|  | 60 |  |
|  | 70 |  |
|  | 80 |  |
|  | 90 |  |
|  | 100 |  |

Im weiteren Schritt wird ein „Stammblatt" erstellt.

In einem (frei) gewählten Intervall werden aus obiger Tabelle die Messpunkte eingetragen. Ich könnte statt dem 10er-Intervall auch ein 5-Intervall einsetzen.

Quelle: Eigene

Ein Beispiel: der **Messpunkt Vorher Kind 1** zeigt die Zahl 38 auf. In dem Stammblatt stellt man die Zahl zu dem passen Intervall [30; 40[[13] und trägt den Rest quasi als Ast in die linke Spalte ein – in dem Beispiel ist es die Zahl 8). So lassen sich auf einen Blick unimodale bzw. bimodale Häufungen feststellt. Im obigen Beispiel ist beispielweise ein Gipfel (Häufigstes) im Punkt „Vorher" im Intervall 40 zu erkennen. Genauer betrachtet sieht man die kompakte Verschiebung von **Vorher und Nachher**.

Diese Darstellung des Stammblattes ist insofern anschaulich bei kleinen Datenmengen und auch relevant, da meist KEINE Normalverteilung vorliegt!

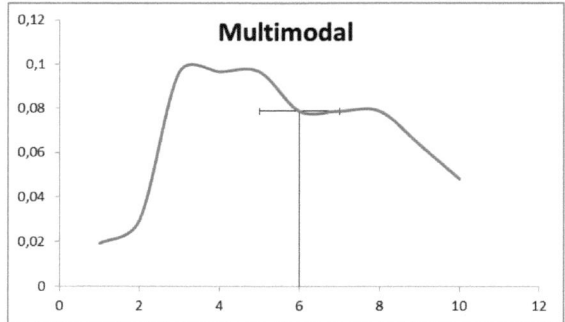

Quelle: Eigene
**Abbildung 13: Multimodal**

Die Daten aus der Nachher-Messung z.B. zeigen in o.g. Abbildung, dass eben nicht nur ein „Gipfel" existiert. Somit keine Normalverteilung vorliegt.

Im letzten Schritt wird die für den U-Test relevante Prüfgrößenberechnung vorgenommen:

Berechnung - Einzelne Schritte
- Bildung von Rängen. Zur Klärung. Der Rang einer Zahl ergibt sich aus der Matrix der Spalten „Vorher" und „Nachher". Beispiel: In der Spalte Rang 2 (R2) ist bei Kind 1 die Zahl 1 eingetragen. Dies bedeutet, dass die Zahl 28 die niedrigste Zahl in der Matrix darstellt.

---

[13] Intervall von 30 bis 39

- R1, R2 - mittlere Ränge (weil die Nullhypothese des U-Tests behauptet, dass die mittleren Ränge in beiden Populationen gleich groß sind = $H_0$: R1 = R2 und somit $H_1$: R1 ≠ R2).
- Berechnen der Prüfgrößen : U-Wert und UU-Wert. Die N-Werte sind gleich der Anzahl der Probanden im Test (Anzahl).
    - U=N1*N2+(N1*(N1+1)/2-R1)
    - UU=N1*N2-U
- Danach Vergleich der Prüfgrößen (der kleinere Wert von den beiden Werten) mit dem kritischen U-Wert aus der Tabelle für U-Test.

**Tabelle 7: U-Test Berechnung**

| Schritt 5: U-Test Berechnung | | | | | | |
|---|---|---|---|---|---|---|
| Kind | Vorher | Nachher | | RANG 1 (R1) | RANG 2 (R2) | |
| 1 | 38 | 28 | | 7,5 | 1 | |
| 2 | 42 | 34 | | 13 | 4 | |
| 3 | 46 | 39 | | 16,5 | 10 | |
| 4 | 50 | 34 | | 19 | 4 | |
| 5 | 46 | 38 | | 16,5 | 7,5 | |
| 6 | 44 | 38 | | 14 | 7,5 | |
| 7 | 41 | 38 | | 12 | 7,5 | |
| 8 | 45 | 40 | | 15 | 11 | |
| 9 | 51 | 34 | | 20 | 4 | |
| 10 | 47 | 29 | | 18 | 2 | |
| Σ | | | | 151,5 | 58,5 | |
| Anzahl | | | | 10 | 10 | |
| R1; R2 | | | | 15,15 | 5,85 | |
| U | | | | | | 3,5 |
| UU | | | | | | 96,5 |

Quelle: Eigene

Das Ergebnis:

Die Prüfgrößen U=3,5 ist < dem kritischer Wert von 27 (vgl. U-Test-Tabelle Sedlmeier / Renkewitz 2008, S. 804)[14]. Bei Gültigkeit der Nullhypothese ist die Wahrscheinlichkeit bei dem gefundenen Stichprobenergebnis geringer als 10% - also nicht gegeben. Das Ergebnis ist somit signifikant – wir verwerfen die Nullhypothese und nehmen daher die Alternativhypothese an.

Fazit: Wir können daraus schließen, dass die L-Therapie zum Zustandsverbesserung beiträgt.

---

[14] Diese U-Test Tabellen sind im Internet reichlich vorhanden

Insofern jedoch eine größere Anzahl von Probanden an der Studie teilnimmt (ca. ab 40) bietet sich ein anderer Test an.

### 4.3.2 T-Test Berechnung nach Neyman und Pearson

Der T-Test ist etwas komplexer, als der U-Test. Trotzdem die einfachen Berechnungen darin basieren auf den Lage- und Streumaßen: Mittelwert und Standardabweichung. **Bitte sehen sie hierzu Tabelle 8.**

Wichtig ist zu beachten, dass der T-Test auf einer Normalverteilung beruht (also einfach gesagt - er ist unimodal) und eine größere Anzahl in der Stichprobe bedeutet, als der U-Test (> 40). Ich verwende diesen T-Test hier trotzdem, um seine Möglichkeiten aufzuzeigen basierend auf der Menge der gegebenen Antworten.

Berechnungsvorschrift ((vgl. Sedlmeier / Renkewitz 2008, S. 407 f):

- Der **Mittelwert** der Befragung „Vorher" lautet 45 und die zugehörige Varianz 14,2.
- Der **Mittelwert** „Nachher" der Befragung lautet: 35 und die Varianz 15,56.
- Als **Umfang** zählen die 10 Schüler der Stichprobe.
- **Der kritische Wert** bei α = 5% lautet: 1,833[15].
- Um den **Standardfehler** auszuschließen, muss zuerst dieser ermittelt werden in der Form: „Wurzel(10*14,2 + 10*15,56) /20)*(1/10+1/10))".
- Danach ermittle ich den **t-Wert**: t-wert = (45-35,2)/1,725.

Ist nun der t-Wert < dem kritischen Wert, dann wäre die Hypothese $H_0$ anzunehmen bzw. nicht signifikant.

---

[15] Mittels Excel (Formel: =T.INV(0,95;9) resp. anhand Statistiktafeln für-t-Test lässt sich dieser Wert ermitteln. An sich ist der Umfang = 10 – doch der s. g. Freiheitsgrad ist um „1" geringer.

**Tabelle 8: Signifikanztest I**

| Maße | Vorher | Nachher |
|---|---|---|
| Mittelwert | 45,00 | 35,20 |
| Varianz | 14,200 | 15,560 |
| Umfang der Stichprobe | 10,00 | 10,00 |
| Berechung | | |
| Irrtumswahrscheinlichkeit (alpha) 5% | 0,050 | |
| Signifikanzniveau 1-a = | 0,950 | |
| kritischer Wert | 1,833 | |
| t-wert | 5,681 | |
| Standardfehler | 1,725 | |
| Aussage: | ist signifikant | |

Quelle: Eigene

**Erste Aussage**

Vorgenannter t-Wert ist größer als der kritische Wert. Insofern ist dies Ergebnis signifikant und die Hypothese $H_0$ abzulehnen.

**Ein Anstoß?**

Die von mir gewählte Hypothese ($H_1$) geht von einer Verbesserung von durchschnittlich einer Note aus. Zur Érinnerung: Kinder in der Lerntherapie haben i. d. R. in bestimmten Fächern (z.B. Deutsch) eine Note von „5". Ein Ziel der Lerntherapie und Nachhilfe ist u. a., dass die Schüler sich soweit verbessern, dass diese in der Klasse und im Stoff genügend mitkommen. Insofern ist z. B. das Ziel, von einer „5" auf eine „4" zu kommen eine Maßgabe. Somit also eine Verbesserung um ca. 22%; dies ist erwiesenermaßen realistisch (Mittelwert „nachher" / Mittewert „vorher" in %).

Anmerkung: In der Statistik und Stochastik wird oft erläutert, dass ein Beta-Fehler (*β-Fehler*) unterschätzt wird. Bitte bedenken Sie, dass bei kleinen Erhebungsmengen, dieser Fehler wahrlich keine Rolle spielt! Diese kleinen Studien sind die jeweils Ihnen beste verfügbare wissenschaftliche Evidenz, die sie leisten können.

### 4.3.3 Ergebnis

Für beide Test gilt: Die Alternativhypothese $H_1$ ist anzunehmen, da die Nullhypothese signifikant ist; somit muss die Nullhypothese $H_0$ verworfen werden. Die Note verbessert sich um durchschnittlich eine Note.

Tatsache ist, es sind Zahlen und Formeln. In der Psychologie und anderen Wissenschaftsrichtungen (z.B.: Therapiewissenschaften), die kausale Wirkungen nicht auf ein Merkmal reduzieren können, ist der Signifikanztest ein Mittel der Wahl, um eine Hypothese zu bestätigen resp. sie abzulehnen. Vor allem aber leistet so ein Test die wissenschaftliche Ermöglichung, sich mit seiner Faktenlage zu beschäftigen.

Zum Verständnis: Gerade Hypothesen, die von einer durchschnittlichen Veränderung nach einer Intervention ausgehen, sind nach einer ersten Berechnung bzgl. der Beobachtung „Nachher" hinsichtlich ihrer Signifikanz zu prüfen bzgl. „Indifferenz". Es kommt sonst dazu, dass Sie Hypothesen verwerfen, die an sich vorerst bewährt sind.

**Fazit zu den Signifikanztests:** Bei kleineren Stichprobengrößen ist **der U-Test** eine erste Wahl, falls nicht etwaige Statistikprogramme z. V. stehen (z.B. SPSS). Er kann auf dem Papier gerechnet werden und bietet ein einfaches Verfahren.

### 4.3.4 Die Kritik

Unter diesem Punkt Kritik wird die Studie nochmals hinterfragt – vor allem die Wirkung der Intervention. Selten nur gelingt es, dass eine einzige Intervention die Grundlage für Veränderungen darstellt. Insofern ist Kritik angebracht – i.S.v. „untersuchend".

Die Studie hat m. E. das gemessen und geleistet, was die Operationalisierung beabsichtigte. Jedoch sind Phänomene wie Wirkungsvariable resp. Störvariable sicherlich nur bedingt beinflussbar gewesen.

Im Detail (nicht abschließend) die Moderatoren-Variablen:

- Die Kohorte die meiste Zeit verblieb in ihrem sozialen Umfeld.
- Weiterhin sind zwei Gruppen beteiligt gewesen.
- Die Therapie selber, die ich als Lerntherapeut sicherlich durch verstärktes Engagement mit beeinflusste, aufgrund der avisierten Studie. Ich erzielte einen „höheren" Wert in der Verbesserung, als der statistisch errechnete.
- Auch Eltern, Lehrer oder die Kohorten-Bildung selber („wir sind alle gleich schwach") haben in das Wirkungsgefüge mit eingegriffen.
- Zudem haben noch andere gruppendynamische Prozesse zwischen den Schülern gewirkt, da die Schüler mehrheitlich aus zwei Grundschulen stammten.

Zur Erläuterung dieser vorgenannten Phänomene siehe das Wirkungsmodell von Betz/Breuninger in den Anhängen 6a / 6b / 6c ab S. XIX.

Die Signifikanztests zeigten auf, dass meine vorgenannte Hypothese sicherlich als eine mögliche bewährte Hypothese angesehen wird bzw. gelten kann, denn Hypothesen dienen entweder der Erklärung schon bekannter Tatsachen oder als Prämissen allgemeiner empirischer Gesetzesaussagen. Denn dass Kinder nachhaltig lernen, wenn das soziale Umfeld stimmt, wenn der Lehrstoff didaktisch unterstützend angeboten wird, die Teilleistungsschwäche als solche nicht zum Stigma führt, und Spiel und Spaß ein lernendes Kind im Transferprozess stützen, muss nicht mehr bewiesen werden (s. Montessoripädagogik und Strukturmodell).

„Lehren" kann in der Therapie nur unterstützen geleistet werden und ist nicht kausal für „Lernen". Der Schüler lernt – jedoch was er lernt, muss nicht das sein, was der Therapeut ihm ermöglichen will. Eine Nachhaltigkeit bzgl. der Fertigkeiten ist durch eine Lerntherapie in diesem Alter nur bedingt gegeben, da der Schulstoff sich ändert. Nachhilfe, wie auch immer wieder kurze Phasen einer Lerntherapie, wird die Schüler mehrheitlich noch über Jahre begleiten müssen.

**WICHTIG:** Sie präsentieren eine kleine Sicht der Dinge auf eine Stichprobe – mehr nicht. Insofern müssen Sie ergebnisoffenen formulieren. Hierzu gehört speziell noch ein Satz, wie z.B. nachstehend formuliert.

Erweiterte bzw. vertiefende Studien – gerade zu dem Mitteleinsatz und deren Wirkung in der Lerntherapie – auch unter der Bezugnahme möglicher Migrationshintergründe von Schülern sind sicherlich notwendig.

# 5. Passung der Arbeitsstudie in die Bachelor-Arbeit

Die EQS muss jetzt noch passend in die BA-Thesis übernommen werden. Schauen wir uns kurz eine beispielhafte Gliederung an:

**Tabelle 9: Gliederung**

| | |
|---|---|
| 1 Einleitung | 4 Studie |
| 1.1 Hinführung | 4.1 Design |
| 1.2 Problemstellung | 4.2 Operationalisierung |
| 1.2.1 Hypothese | 4.3 Methodenwahl |
| 1.2.2 Forschungsfrage | 4.4 Erhebung |
| 1.3 Zielsetzung | 4.5 Durchführung & Analyse |
| 1.4 Gliederung | 4.6 Befund und Ergebnisse |
| 2 Hypothesen Umfeld Angaben (UV) | 4.7 Zusammenfassung & Interpretation |
| 2.1 Mikro / Meso / Makro | 4.8 Kritik |
| 2.2 Konzepte | 4.9 Anhang Studie |
| 2.3 etc. | 5 Zusammenfassung |
| 3 Hypothesen Umfeld 2 (AV) | 5.1 Erkenntnisse |
| 3.1 Zielgruppen | 5.2 Ausblick |
| 3.2 Ablauf | 6 Glossar |
| 3.3 etc. | 7 Verzeichnisse |
| | 8 Anhang |
| | 9 Eidesstattliche Erklärung |

Quelle: Eigene

Bzgl. der Passung der Arbeisstudie von den Vorseiten in die Gliederunge einer BA-Thesis müsste ich:

- Den Punkt Motivation und Anschlussmöglichkeit zum Teil in einem Vorwort und zum anderen in den Punkt Problemstellung einbringen.
- Die Hypothese und die Forschungsfrage, wie auch Teile der Untersuchungsplanung lege ich ebenso in Punkt 1.2 Problemstellung; dito bzgl. der Zielsetzung in Punk 1.3.
- Im Punkt 2: hier schreibe ich über Teilleistungsschwächen und deren Wirkungen in den verschiedenen Kreisläufen (pädagogischer Kreislauf, innerpsychischer Kreislauf), über Fähigkeiten und Fertigkeiten der Kinder wie auch über Montessori-Pädagogik und Lerntherapie.
    - Hier muss ich recherchieren, exzerpieren und ebenso zitieren.

- Im Punkt 3 zeige ich den Einsatz im therapeutischen Unterricht auf und wie mit Materialien fachdidaktisch umgegangen wird.
    o Hier muss ich recherchieren, exzerpieren und ebenso zitieren.
- **Punkt 4:** kommt nun die Arbeitsstudie in das Dokument. Wenn nun die Punkte „Untersuchungsplanung" bis hin zum Punkt „Kritik" entschlackt werden um meine Erläuterungen hinsichtlich der Erstellung einer EQS, dann können Sie diese Teile quasi in einem Schwung in Ihre BAA übernehmen.
- Und in Punkt 5 fasse ich meine Erkenntnisse zusammen.

Dass Sie am Ende eine Qualitätssicherung Ihrer BAA durchführen, sollte klar sein. Nachstehend stichpunktartig erläutert, worauf Sie zu achten haben (Marek 2011, S.14 f):

**„Formalien-Checkliste**
- Habe ich die Formvorschriften eingehalten?
- Stimmen Seitenlayout, Seitenzahl, Zeilenabstände, Font und Font-Höhe?
- Stimmt die Dreiteilung der Arbeit im Seitenumfang – also ca.
- 10-15% Einleitung,
- 60% Textteil und
- 10-15% Abschluss?
- Sind alle Gliederungsteile in das Inhaltsverzeichnis eingegangen?
- Sind die Quellen benannt und im Literaturverzeichnis aufgenommen?
- Weist das Literaturverzeichnis Autoren auf, die nicht verwendet wurden?
- Ist die Rechtschreibprüfung eingeschaltet gewesen?
- Sind alle Abkürzungen, Abbildungen und Anlagen am richtigen Ort?
- Sind überflüssige Leerzeichen zwischen Wörtern eliminiert?
- Ist der Ausdruck sauber aus dem Druck?
- Stimmt das Deckblatt mit der Arbeit überein?
- Ist die Gliederungsnummerierung durchgängig aufsteigend?
- Ist die eidesstattliche Erklärung vorhanden?
- Et cetera (meint: kennen Sie Ihre eigenen Schwächen im Schreibprozess?)."

Insofern Sie formale Fehler entdecken, lassen sich diese meist leicht beheben!

Inhaltliche Checkliste (Gütekriterien):
- Ist das Ziel der Arbeit erläutert?
- Stimmt die Arbeit mit dem Titel überein?
- Sind Kapitelübergänge vorhanden?
- Ist die Sprache dem Thema angemessen?
- Ist in der Zusammenfassung das Thema, wie es bearbeitet wurde, erkennbar?
- Sind die einzelnen Kapitel logisch aufeinander aufbauend?
- Sind eigene Gedanken erkennbar, abgegrenzt zu Zitationen?
- Und: Sind Sie mit Ihrer Arbeit zufrieden?"

Darüber hinaus existieren über die Grundlegung von wissenschaftlichem Arbeiten hinaus noch Ratgeber und Anleitungen, die bzgl. der Kohäsion einer Arbeit als gute Grundlage fungieren können. Zum Beispiel, wie schreibe ich so, dass es zwischen den Kapiteln eine Verbindung gibt, so dass es nicht zu einem Bruch im Lesefluss kommt?

**Fazit**

Für die vorgenannte Studie selber benötigen Sie – unabhängig von Zeit und Raum – ca. 12 Seiten als Netto-Umfang. Die Anhänge sind individuell im Umfang zu sehen. Eine Passung als solche ist einfach und o. g. Gliederung ist quasi als Standard anzusehen. Sicherlich wird bzw. kann das eine oder andre Kapitel noch hinzukommen. Aus meiner Sicht jedoch scheint diese Gliederung (s. o.) eine Mindeststruktur zu sein, die Sie nutzen sollten, um Ihre BAA auf die Beine zu stellen.

## 6. Auf die Beine stellen

Relevante berufs- und ausbildungsbegleitende Studienangebote am Markt[16] zeichnen sich für Sie dadurch aus, dass von einem Blended-Learning-Ansatz gesprochen werden kann. Präsenzzeiten wechseln mit Fernlernphasen ab und Beratung (Coaching) durch Mentoren und Professoren „erledigen" sich meist via Email resp. mittels Online-Kursen. Demgemäß fordert so ein Studium Ihre Selbstlernkompetenz, denn der Ort des Lernens befindet sich meist da, wo der Studierende lebt – zu Hause; dies ist somit nicht originär der Ort der Hochschule, und den Lernzeitraum und die Intensität des Lernens bestimmen Sie selber. Regionale Studiengruppen runden Ihr Vorhaben hinsichtlich Gedankenaustauschs ab.

Trotzdem – Sie sind „oft allein" mit Ihren Gedanken und Ansätzen – wie auch mit Ihren Fragen und Ihrer emotionalen Verfasstheit – gerade dann, wenn im Rahmen der Erstellung der Bachelor-Arbeit (BAA) grundlegende Arbeitsweisen gefragt sind, die nur mit hohem Arbeitsaufwand in der letzten Phase des Studiums erbracht werden können. Vorgenanntes fordert jetzt Ihre Selbstlernkompetenz. Hier setzt nun dieses Büchlein an – es unterstützt sie quasi mittels einer Rezeptur in Ihrem Vorhaben.

Ihr Ziel ist nun, innerhalb eines begrenzten Zeitraums (also max. 3 Monate) eine empirische BAA zu schreiben im Bereich der Gesundheitswissenschaften. Empirie – also Erhebung von Daten z. B. mittels Befragung, Beobachtung, Interpretation und Analyse ist somit Thema.

Eine Problematik, die sich dabei immer wieder stellt sind a) die Kosten, b) die Menge /Qualität der Daten und c) der verfügbare Zeitraum für die Bachelor-Arbeit. Insofern sind die Forschungsvorhaben (also die Studien innerhalb der Bachelor-Arbeiten) zeitlich und räumlich begrenzt. In den Bereichen der Therapieforschung liegt der Fokus meist auf einer s. g. Vorher-Nachher-Sicht.

---

[16] Wie schon erwähnt, es bestehen Angebote der Hochschule des Internationalen Bundes (www.ib-hochschule.de gerade für die Akademisierung von Gesundheitsfachberufen).

Man hat also einen Vorher-Zustand „x" und einen Nachher-Zustand „y". Die Fragen die dazu dann gestellt werden sind: Was ist dazwischen passiert, welche Interventionen führen den Zustand „y" herbei, welche Wirkung erfolgte etc.? Dies bedeutet u. a. Messen der Zustände und Analysieren der Wirkung.

Dieser Teil innerhalb der BAA – ich nannte diesen „EQS" – hat ebenso Formvorschriften bzgl. Darstellung und Validierung. Weiterhin sind einige Grundkenntnisse der Statistik notwendig. Diese habe ich annährend soweit erklärt, so dass den Gedankengängen von mir gefolgt werden kann. Da ich nicht generisch eine Forschung beschrieb, sondern gerade aus Sicht eines Therapeuten und eines verständlichen Beispiels den Sachverhalt darstelle, scheint meine Vermutung (Hypothese?) berechtigt, dass der Vorgehensweise gefolgt werden kann. Nun diese EQS „ist auf Schultern von Riesen" entstanden: Betz /Breuninger, Sedlmeier / Renkewitz und Wacker.

Dieses Büchlein zeigt beispielhaft auf, wie eine empirisch-quantitative Arbeit geschrieben werden könnte. Z. B. welche Inhalte „wo und wie platziert werden und wie gerechnet" wird. In dieser Ausarbeitung wurde nur auf die Begrifflichkeiten eingegangen, die Verwendung gefunden haben. Insofern sind tiefergehende Kenntnisse hier nicht nachzuschlagen, sondern sind in den jeweiligen Fachbüchern o.g. Autoren ausreichend beschrieben.

Fakt ist auch, dass nur ein Verfahren verwendet wurde, nämlich die „Vorher-Nachher"-Darstellung im Kleinen – also wenige Probanden resp. Beobachtungen. Diese Darstellung gilt also nur für eine begrenzte Sicht in der empirischen quantitativen Forschung – hier auch wiederum nur speziell bzgl. Therapie-Wirkungen. Mein Vorschlag: Nutzen Sie den aufgezeigten Weg – als einen ersten Ansatz. Modifizieren Sie da wo notwendig und „haben Sie Mut zu eigenen Gedanken!". Am Ende (nach dem Erhalt des erwarteten erfolgreichen Gutachtens Ihrer BAA) wird Sie ihr gewählter EQS-Ansatz dann möglicherweise verführen zum Ausruf

## „Heureka".

# Literaturverzeichnis

- Betz / Breuninger (1987): Teufelskreis Lernstörungen, Theoretische Grundlegung und Standardprogramm. München, Weinheim.
- BVL (2011):Bundesverband Legasthenie und Dyskalkulie. URL http://www.bvl-legasthenie.de/ Stand [tt.mm.2012].
- Diekmann, A. (2009): Empirische Sozialforschung. Reinbek bei Hamburg.
- Fröhlich, W. (2002): Wörterbuch Psychologie. 24. durchgesehene Aufl. München.
- ICD 10, Deutscher Ärzteverlag.
- IEK (2010): Lerntherapie. Institut für Entspannung und Kommunikation – Mitschrift unveröffentlichtes Manuskript.
- IFAP (2012): Material. URL: http://www.montessori.de/. Stand [10.1.2012].
- Marek, J. (2011): Einführung in wissenschaftliches Arbeiten für Lernende in Gesundheitsfachberufen. München.
- Marek, J. (2009): Mitschrift und Unterlage (Renner, Heydasch, Ströhlein): Einführung wissenschaftliches Arbeiten und Forschungsmethoden in der Psychologie. – Unveröffentlichtes Material FernUniversität Hagen.
- Sedlmeier, P., Renkewitz, F. (2008): Forschungsmethoden und Statistik in der Psychologie, München.
- Stankus, C., Marek, J. (2011): Fragebogen im Umfeld der Montessoripädagogik. Entwicklung und Mitschrift. Unveröffentlichtes Material Workshop TU Kaiserlautern.
- Wacker, A. (2001-2005): Lehrunterstützende Texte.
    URL: http://mab-guide.de/index.php?option=com_jotloader&view=categories&cid=0_a40c3f478ceebf65539247b0a428ff71&Itemid=78 Stand [10.01.2012].
    - Checkliste zur Analyse und Bewertung empirischer Untersuchungen
    - Beschreibung Rücklaufverbesserung
    - Stichprobe, Grundgesamtheit und Repräsentativität
    - Messen und Messniveau in sozialwissenschaftlichen Untersuchungen

- Zentrale Bausteine eines Fragebogens und Fragenarten
- Vor- und Nachteile offener und geschlossener Fragen
- 20 allgemeine Prinzipien zum Entwerfen eines guten Fragebogens
- Datenbereinigung und der Umgang mit fehlenden Werten
- Ausfälle, Ausschöpfungsquote, Rücklaufquote und Rücklaufkontrolle Aspekte der Fragenkonstruktion
- Das Vorgehen beim Testen statistischer Hypothesen - der Signifikanztest

- WHO (o. J.): Taschenführer zur Klassifikation psychischer Störungen, Verlag Hans Huber

# Anhang 1: Aggregation

**Tabelle 10: Aggregation**

| | Vorher | | | | | | | | | | | |
|---|---|---|---|---|---|---|---|---|---|---|---|---|
| | Fragen aus dem Erhebungsbogen | | Angekreuzte Kästchen | | | | | | | | | Kontrolle |
| # | Erhebung am Anfang Messpunkt 1 | K1 | K2 | K3 | K4 | K5 | K6 | K7 | K8 | K9 | K10 | Anz. Schüler |
| 1 | Ich habe meistens Lust, mit dem angebotenen Material zu arbeiten. | | 1 | 4 | 2 | 1 | 1 | 1 | 0,001 | 0 | 0 | 10 |
| 2 | Das angebotene Material spricht mich an, weil mich die Themen interessieren. | | | 4 | 5 | | 1 | | | | | 10 |
| 3 | Ich lege das Material nach kurzer Zeit auf die Seite, weil ich einfach keine Lust mehr habe. | | | | 5 | 5 | | | | | | 10 |
| 4 | Mich interessiert ein Thema, wenn ich es mit dem Material bearbeitet habe, mehr als zuvor. | | | 1 | 3 | 4 | | 2 | | | | 10 |
| 5 | Ich kann nach dem Lesen der Arbeitsanweisung nicht sofort anfangen, weil ich sie nicht verstehe. Auch Nachdenken führt nicht weiter. Ich muss jemanden fragen. | 1 | 2 | 5 | | 2 | | | | | | 10 |
| 6 | Ich bleibe mittendrin stecken und komme nicht weiter, weil es mir zu schwer ist, obwohl ich vor der Bearbeitung des Materials alle dafür erforderlichen Materialien bearbeitet habe. | | 2 | 3 | 3 | | 2 | | | | | 10 |
| 7 | Ich habe eine Anweisung nicht beachtet und muss einige Arbeitsschritte noch einmal machen. | | | 4 | 4 | | 2 | | | | | 10 |
| 8 | Ich kann mein Ergebnis selbst nicht schon beim Arbeiten einschätzen. Ich bin überrascht, wenn ich mein Arbeitsergebnis mit den Lösungen vergleiche. | 1 | 2 | 3 | 4 | | | | | | | 10 |
| 9 | Es macht mir keinen Spaß, weil es zu leicht ist. | | | 4 | 2 | 4 | | | | | | 10 |
| 10 | Ich mache im Alltag die Erfahrung, dass ich aufgrund des Unterrichts und der bearbeiteten Materialien besser Bescheid weiß. | 2 | | 4 | 4 | | | | | | | 10 |

| # | Frage | K1 | K2 | K3 | K4 | K5 | K6 | K7 | K8 | K9 | K10 | Anz. Schüler |
|---|---|---|---|---|---|---|---|---|---|---|---|---|
| 11 | Auch wenn längere Zeit vergangen ist, erinnere ich mich an Inhalte und kann sie anwenden. | | 1 | 2 | 2 | 2 | 1 | 2 | | | | 10 |
| 12 | Ich mache die Erfahrung, dass ich zwar meine, alles behalten zu haben, aber sobald ich das Gelernte anwenden muss, muss ich so gut wie alles wiederholen | | 1 | 4 | 5 | | | | | | | 10 |
| | Teilsumme | 4 | 21 | 36 | 33 | 16 | 5 | 5 | 0,001 | 0 | 0 | 120 |
| | Notenbereich | 5,0 | 4,5 | 4,0 | 3,5 | 3,0 | 3,0 | 2,5 | 2,0 | 1,5 | 1,0 | |
| | Summenbildung für Index 1 Vorher | 20 | 95 | 144 | 115,5 | 48 | 15 | 13 | 0,002 | 0 | 0 | 450 |
| | Index 1 arithmetisch | | | | | | | | | | | 3,7 |
| | Index 1 Modus | | | | | | | | | | | 4,0 |
| | Noten durch Erhebung | 6,0 | 5,5 | 5,0 | 4,5 | 4,0 | 3,5 | 3,0 | | | | 31,5 |
| | Zuordnung zu Index 1 Arithmetisch | 5,2 | 4,7 | 4,2 | 3,7 | 3,2 | 2,7 | 2,2 | | | | 26,2 |
| | Ermittlung Basisnote Median | 6,125 | 5,55 | 4,96 | 4,374 | 3,38 | 3,32 | 2,66 | | | | 0,1676 |

## Nachher

| | Fragen aus dem Erhebungsbogen | Angekreuzte Kästchen | | | | | | | | | | Kontrolle |
|---|---|---|---|---|---|---|---|---|---|---|---|---|
| # | Erhebung Messpunkte 2 + 3. 5.-8. Woche | K1 | K2 | K3 | K4 | K5 | K6 | K7 | K8 | K9 | K10 | Anz. Schüler |
| 1 | Ich habe meistens Lust, mit dem angebotenen Material zu arbeiten. | 0 | 0 | | | 1 | 4 | 2 | 1 | 1 | 1 | 10 |
| 2 | Das angebotene Material spricht mich an, weil mich die Themen interessieren. | | | | | | 4 | 5 | 1 | | | 10 |
| 3 | Ich lege das Material nach kurzer Zeit auf die Seite, weil ich einfach keine Lust mehr habe. | | | | | | 5 | 5 | | | | 10 |
| 4 | Mich interessiert ein Thema, wenn ich es mit dem Material bearbeitet habe, mehr als zuvor. | | | | | 1 | 3 | 4 | | 2 | | 10 |
| 5 | Ich kann nach dem Lesen der Arbeitsanweisung nicht sofort anfangen, weil ich sie nicht verstehe. Auch Nachdenken führt nicht weiter. Ich muss jemanden fragen. | | | | | 1 | 5 | 2 | 2 | | | 10 |

| Nr | Item | 5,0 | 4,5 | 4,0 | 3,5 | 3,0 | 3,0 | 2,5 | 2,0 | 1,5 | 1,0 | Summe |
|---|---|---|---|---|---|---|---|---|---|---|---|---|
| 6 | Ich bleibe mittendrin stecken und komme nicht weiter, weil es mir zu schwer ist, obwohl ich vor der Bearbeitung des Materials alle dafür erforderlichen Materialien bearbeitet habe. |  |  |  |  | 5 | 3 |  | 2 |  |  | 10 |
| 7 | Ich habe eine Anweisung nicht beachtet und muss einige Arbeitsschritte noch einmal machen. |  |  |  |  | 1 | 4 | 3 | 2 |  |  | 10 |
| 8 | Ich kann mein Ergebnis selbst nicht schon beim Arbeiten einschätzen. Ich bin überrascht, wenn ich mein Arbeitsergebnis mit den Lösungen vergleiche |  |  |  | 1 | 2 | 3 | 4 |  |  |  | 10 |
| 9 | Es macht mir keinen Spaß, weil es zu leicht ist. |  |  |  |  | 4 | 2 | 4 |  |  |  | 10 |
| 10 | Ich mache im Alltag die Erfahrung, dass ich aufgrund des Unterrichts und der bearbeiteten Materialien besser Bescheid weiß. |  |  | 2 |  | 3 | 3 | 1 | 1 |  |  | 10 |
| 11 | Auch wenn längere Zeit vergangen ist, erinnere ich mich an Inhalte und kann sie anwenden. |  |  |  |  | 2 | 1 | 2 | 2 | 1 | 2 | 10 |
| 12 | Ich mache die Erfahrung, dass ich zwar meine, alles behalten zu haben, aber sobald ich das Gelernte anwenden muss, muss ich so gut wie alles wiederholen. |  |  |  |  | 1 | 2 | 2 | 2 | 2 | 1 | 10 |
| | Teilsumme | 0 | 0 | 3 | 15 | 34 | 36 | 19 | 7 | 6 | 0 | 120 |
| | Notenbereich | 5,0 | 4,5 | 4,0 | 3,5 | 3,0 | 3,0 | 2,5 | 2,0 | 1,5 | 1,0 | 30 |
| | Summenbildung für Index 1 Nachher | 0 | 0 | 12 | 52,5 | 102 | 108 | 47,5 | 14 | 9 | 0 | 345 |
| | Index 1 arithmetisch | | | | | | | | | | | 2,9 |
| | Index 1 Modus | | | | | | | | | | | 3,0 |

| Vorbereitung zum Test | K1 | K2 | K3 | K4 | K5 | K6 | K7 | K8 | K9 | K10 | Summen |
|---|---|---|---|---|---|---|---|---|---|---|---|
| Noten | 5,0 | 4,5 | 4,0 | 3,5 | 3,0 | 3,0 | 2,5 | 2,0 | 1,5 | 1,0 | |
| Anzahl Meldungen vor Intervention | 4 | 21 | 36 | 33 | 16 | 5 | 5 | 0 | 0 | 0 | 120,00 |
| Anzahl Meldungen nach Intervention | 0 | 0 | 3 | 15 | 34 | 36 | 19 | 7 | 6 | 0 | 120,00 |
| Umrechnung der Antworten (Meldung * Noten) Vorher | 20 | 94,5 | 144 | 115,5 | 48 | 15 | 12,5 | 0 | 0 | 0 | 449,50 |
| Umrechnung der Antworten (Meldung * Noten) Nachher | 0 | 0 | 12 | 52,5 | 102 | 108 | 47,5 | 14 | 9 | 0 | 345,00 |
| | | | | | | | | | | | |
| Prozent Verbesserung Nachher zu Vorher | | | | | | | | | | | 23,2% |

| Erhebungen | Umfang (n) | Lage- u. Streumaße | | |
|---|---|---|---|---|
| | | Mittelwert | Varianz | Standard-Abw. |
| Vorher | 120 | 44,950 | 2876,30 | 53,63 |
| Nachher | 120 | 34,500 | 1733,22 | 41,63 |

Quelle: Eigene

# Anhang 2: Definitionen nach ICD-10 bzgl. Auswahl

 **Umschriebene Entwicklungsstörungen schulischer Fertigkeiten**

Es handelt sich um Störungen, bei denen die normalen Muster des Fertigkeitserwerbs von frühen Entwicklungsstadien an gestört sind. Dies ist nicht einfach Folge eines Mangels an Gelegenheit zu lernen; es ist auch nicht allein als Folge einer Intelligenzminderung oder irgendeiner erworbenen Hirnschädigung oder -krankheit aufzufassen.

**F81.0   Lese- und Rechtschreibstörung**

Das Hauptmerkmal ist eine umschriebene und bedeutsame Beeinträchtigung in der Entwicklung der Lesefertigkeiten, die nicht allein durch das Entwicklungsalter, Visusprobleme oder unangemessene Beschulung erklärbar ist. Das Leseverständnis, die Fähigkeit, gelesene Worte wiederzuerkennen, vorzulesen und Leistungen, für welche Lesefähigkeit nötig ist, können sämtlich betroffen sein. Bei umschriebenen Lesestörungen sind Rechtschreibstörungen häufig und persistieren oft bis in die Adoleszenz, auch wenn einige Fortschritte im Lesen gemacht werden. Umschriebenen Entwicklungsstörungen des Lesens gehen Entwicklungsstörungen des Sprechens oder der Sprache voraus. Während der Schulzeit sind begleitende Störungen im emotionalen und Verhaltensbereich häufig.

Entwicklungsdyslexie
Umschriebene Lesestörung
"Leserückstand"

*Exkl.:* Alexie o. n. A. ( R48.0 )
       Dyslexie o. n. A. ( R48.0 )
       Leseverzögerung infolge emotionaler Störung ( F93.- )

## F81.1 Isolierte Rechtschreibstörung

Es handelt sich um eine Störung, deren Hauptmerkmal in einer umschriebenen und bedeutsamen Beeinträchtigung der Entwicklung von Rechtschreibfertigkeiten besteht, ohne Vorgeschichte einer Lesestörung. Sie ist nicht allein durch ein zu niedriges Intelligenzalter, durch Visusprobleme oder unangemessene Beschulung erklärbar. Die Fähigkeiten, mündlich zu buchstabieren und Wörter korrekt zu schreiben, sind beide betroffen.

Umschriebene Verzögerung der Rechtschreibfähigkeit (ohne Lesestörung)

*Exkl.:* Agraphie o. n. A. ( R48.8 )
Rechtschreibschwierigkeiten:
· durch inadäquaten Unterricht ( Z65 )
· mit Lesestörung ( F81.0 )

## F81.2 Rechenstörung

Diese Störung besteht in einer umschriebenen Beeinträchtigung von Rechenfertigkeiten, die nicht allein durch eine allgemeine Intelligenzminderung oder eine unangemessene Beschulung erklärbar ist. Das Defizit betrifft vor allem die Beherrschung grundlegender Rechenfertigkeiten, wie Addition, Subtraktion, Multiplikation und Division, weniger die höheren mathematischen Fertigkeiten, die für Algebra, Trigonometrie, Geometrie oder Differential- und Integralrechnung benötigt werden.

Entwicklungsbedingtes Gerstmann-Syndrom
Entwicklungsstörung des Rechnens
Entwicklungs-Akalkulie

*Exkl.:* Akalkulie o. n. A. ( R48.8 )
Kombinierte Störung schulischer Fertigkeiten ( F81.3 )
Rechenschwierigkeiten, hauptsächlich durch inadäquaten Unterricht ( Z65 )

## F81.3 Kombinierte Störungen schulischer Fertigkeiten

Dies ist eine schlecht definierte Restkategorie für Störungen mit deutlicher

Beeinträchtigung der Rechen-, der Lese- und der Rechtschreibfähigkeiten. Die Störung ist jedoch nicht allein durch eine allgemeine Intelligenzminderung oder eine unangemessene Beschulung erklärbar. Sie soll für Störungen verwendet werden, die die Kriterien für F81.2 und F81.0 oder F81.1 erfüllen.

*Exkl.:* Isolierte Rechtschreibstörung ( F81.1 )
Lese- und Rechtschreibstörung ( F81.0 )
Rechenstörung ( F81.2 )

**F81.8** **Sonstige Entwicklungsstörungen schulischer Fertigkeiten**

Entwicklungsbedingte expressive Schreibstörung

**F81.9** **Entwicklungsstörung schulischer Fertigkeiten, nicht näher bezeichnet**

Lernbehinderung o. n. A.
Lernstörung o. n. A.
Störung des Wissenserwerbs o. n. A.

# Anhang 3: Prozess Lerntherapie

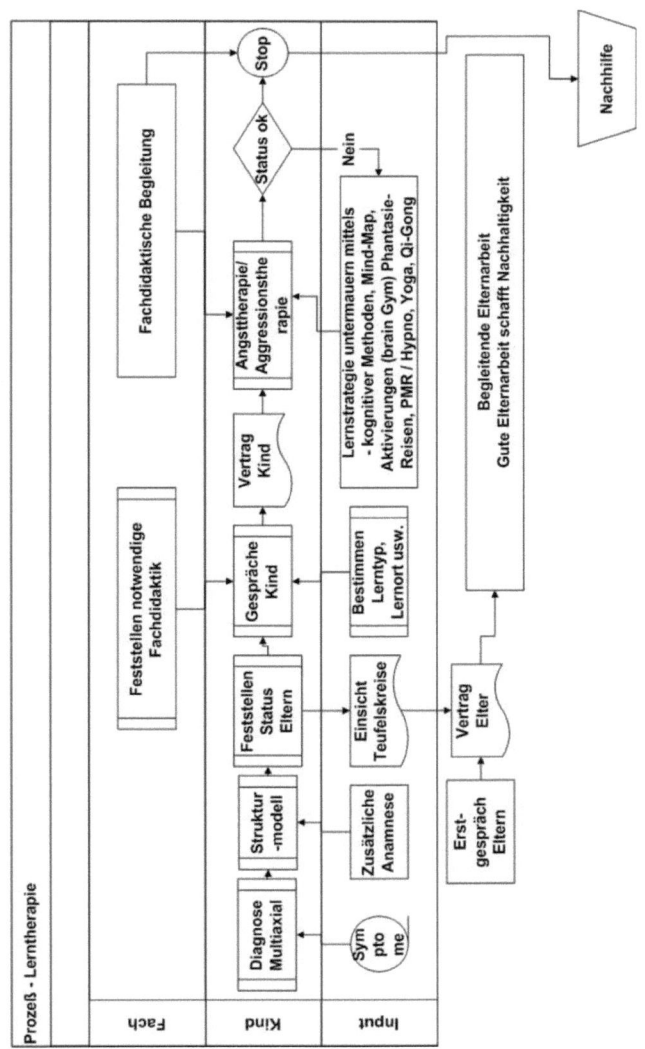

Quelle: Eigene

**Abbildung 14: Lerntherapie**

# Anhang 4: Der Erhebungsbogen Teil 1

Wird mit den Eltern besprochen

Soziographische Daten – diese werden vom Lerntherapeuten per Interview erfasst von den Eltern. Es sind nicht die Schulnoten relevant, sondern Daten, die der Schüler im Zweifelsfall nicht leisten kann.

| Alter des Kindes in Zahlen: | | | | | | | | | | | |
|---|---|---|---|---|---|---|---|---|---|---|---|
| Diagnose: | F81.0 | F81.1 | F81.2 | F81.3 | F81.4 | F81.5 | F81.6 | F81.7 | F81.8 | F81.9 | |
| | | | | | | | | | | | |
| Geschlecht: w=1 /m=2 | | | | | | | | | | | |
| Geschwister | | | | | | | | | | | |
| Anzahl Brüder | | | | | | | | | | | |
| Anzahl Schwester | | | | | | | | | | | |

Sonstige Angaben ohne schriftliche Aufnahme:
    Bereits in therapeutischen Behandlungen gewesen. Medikamente (z.B. Ritalin),
    sowie sonstige Vorlieben des Kindes.

# Anhang 5: Der Erhebungsbogen Teil 2

<u>Wird nur mit dem Schüler besprochen</u>

Diese Fragen werden mit dem Schüler (der Schülerin) zusammen beantwortet. Der Lerntherapeut liest zusammen mit dem Kind die Fragen und lässt das Kind seine Einordnung einzeichnen (wenn es will auch mit unterschiedlichen Farbstiften).

*1 Ich habe meistens Lust, mit dem angebotenen Material zu arbeiten.*

| nie | | | | | | | | | immer |
|---|---|---|---|---|---|---|---|---|---|
| ☹ | | | | ☺ | | | | | ☺ |

**2 Das angebotene Material spricht mich an, weil mich die Themen interessieren.**

| nie | | | | | | | | | jedes Mal |
|---|---|---|---|---|---|---|---|---|---|
| ☹ | | | | ☺ | | | | | ☺ |

**3 Ich lege das Material nach kurzer Zeit auf die Seite, weil ich einfach keine Lust mehr habe.**

| jedes Mal | | | | | | | | | noch nie |
|---|---|---|---|---|---|---|---|---|---|
| ☹ | | | | ☺ | | | | | ☺ |

**4 Mich interessiert ein Thema, wenn ich es mit dem Material bearbeitet habe, mehr als zuvor.**

| noch nie | | | | | | | | jedes Mal |
|---|---|---|---|---|---|---|---|---|
| ☹ | | | | ☺ | | | | ☺ |

**5 Ich kann nach dem Lesen der Arbeitsanweisung nicht sofort anfangen, weil ich sie nicht verstehe. Auch Nachdenken führt nicht weiter. Ich muss jemanden fragen.**

| jedes Mal | | | | | | | | noch nie |
|---|---|---|---|---|---|---|---|---|
| ☹ | | | | ☺ | | | | ☺ |

**6 Ich bleibe mittendrin stecken und komme nicht weiter, weil es mir zu schwer ist, obwohl ich vor der Bearbeitung des Materials alle dafür erforderlichen Materialien bearbeitet habe.**

| jedes Mal | | | | | | | | noch nie |
|---|---|---|---|---|---|---|---|---|
| ☹ | | | | ☺ | | | | ☺ |

**7 Ich habe eine Anweisung nicht beachtet und muss einige Arbeitsschritte noch einmal machen.**

| jedes Mal | | | | | | | | noch nie |
|---|---|---|---|---|---|---|---|---|
| ☹ | | | | ☺ | | | | ☺ |

*8 Ich kann mein Ergebnis selbst nicht schon beim Arbeiten einschätzen. Ich bin überrascht, wenn ich mein Arbeitsergebnis mit den Lösungen vergleiche.*

| jedes Mal ☹ | | | ☐ | | | noch nie ☺ |
|---|---|---|---|---|---|---|

*9 Es macht mir keinen Spaß, weil es zu leicht ist.*

| jedes Mal ☹ | | | ☐ | | | noch nie ☺ |
|---|---|---|---|---|---|---|

**10 Ich mache im Alltag die Erfahrung, dass ich aufgrund des Unterrichts und der bearbeiteten Materialien besser Bescheid weiß.**

| nie ☹ | | | ☐ | | | immer ☺ |
|---|---|---|---|---|---|---|

**11 Auch wenn längere Zeit vergangen ist, erinnere ich mich an Inhalte und kann sie anwenden.**

| nie ☹ | | | ☐ | | | immer ☺ |
|---|---|---|---|---|---|---|

**12** Ich mache die Erfahrung, dass ich zwar meine, alles behalten zu haben, aber sobald ich das Gelernte anwenden muss, muss ich so gut wie alles wiederholen.

| jedes Mal | | | | | | | | noch nie |
|---|---|---|---|---|---|---|---|---|
| ☹ | | | | ☺ | | | | ☺ |

Quelle: Stankus / Marek (2011)

# Anhang 6a: Wirkungsmodell nach Betz / Breuninger

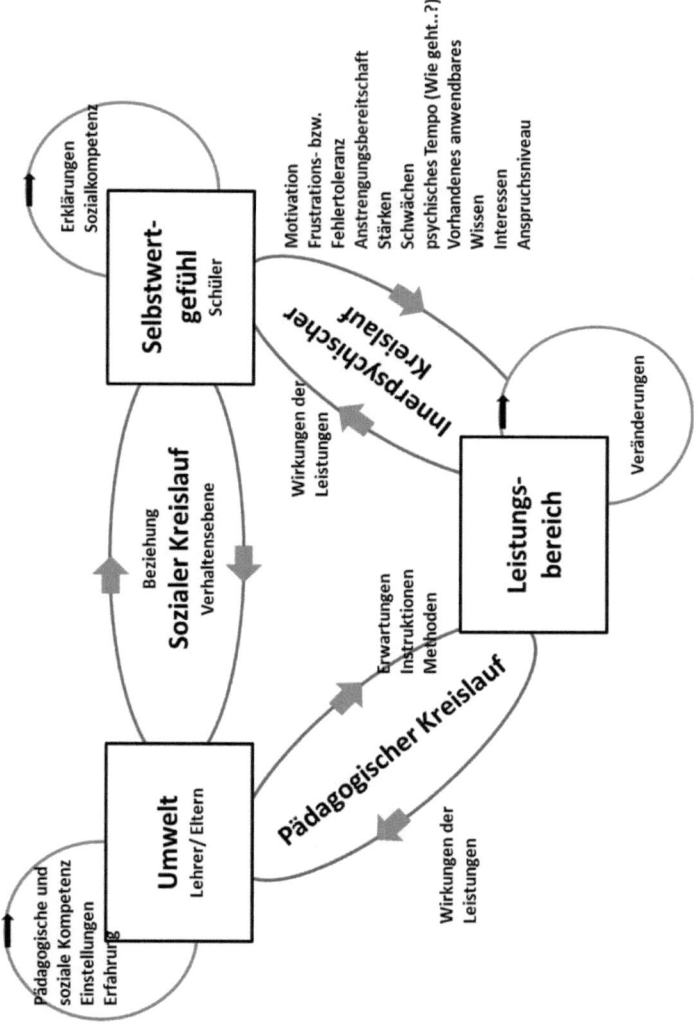

Quelle: Eigene – in Anlehnung an Betz/Breuninger

**Abbildung 15: Strukturmodell**

## Anhang 6b: Negative Lernstruktur

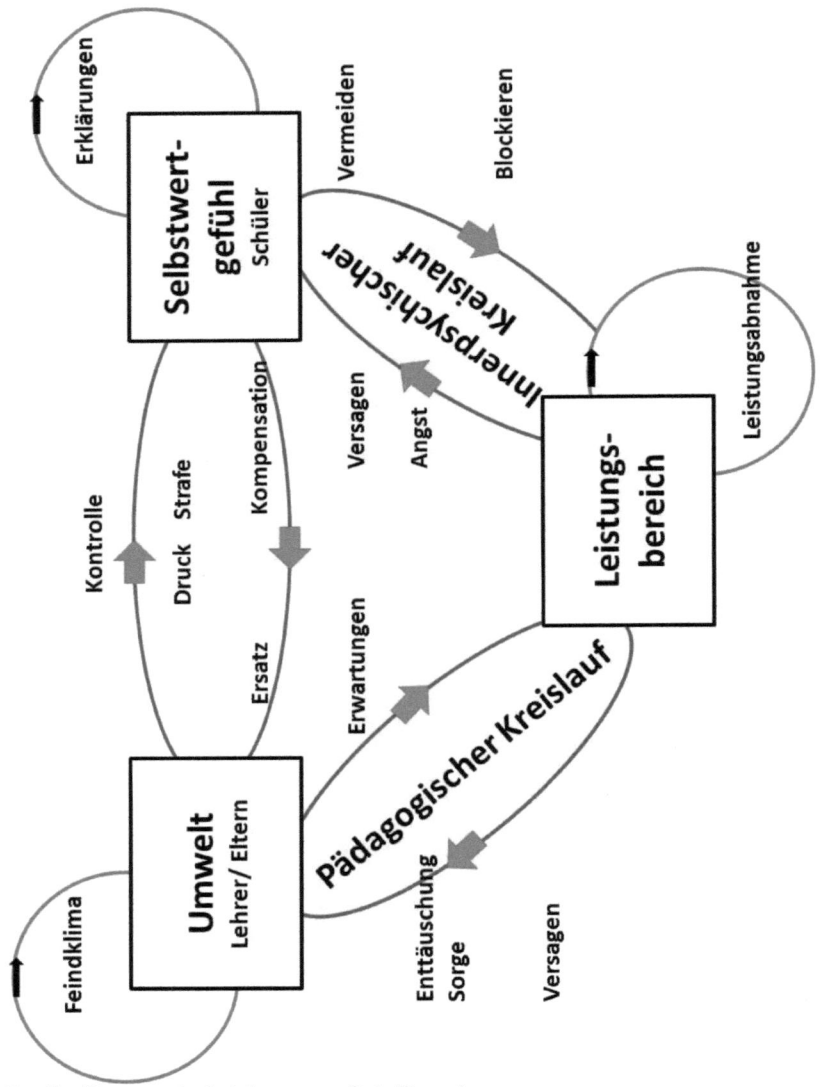

Quelle: Eigene – in Anlehnung an Betz/Breuninger

**Abbildung 16: Negative Lernstruktur**

# Anhang 6c: Wieder Positive Lernstruktur

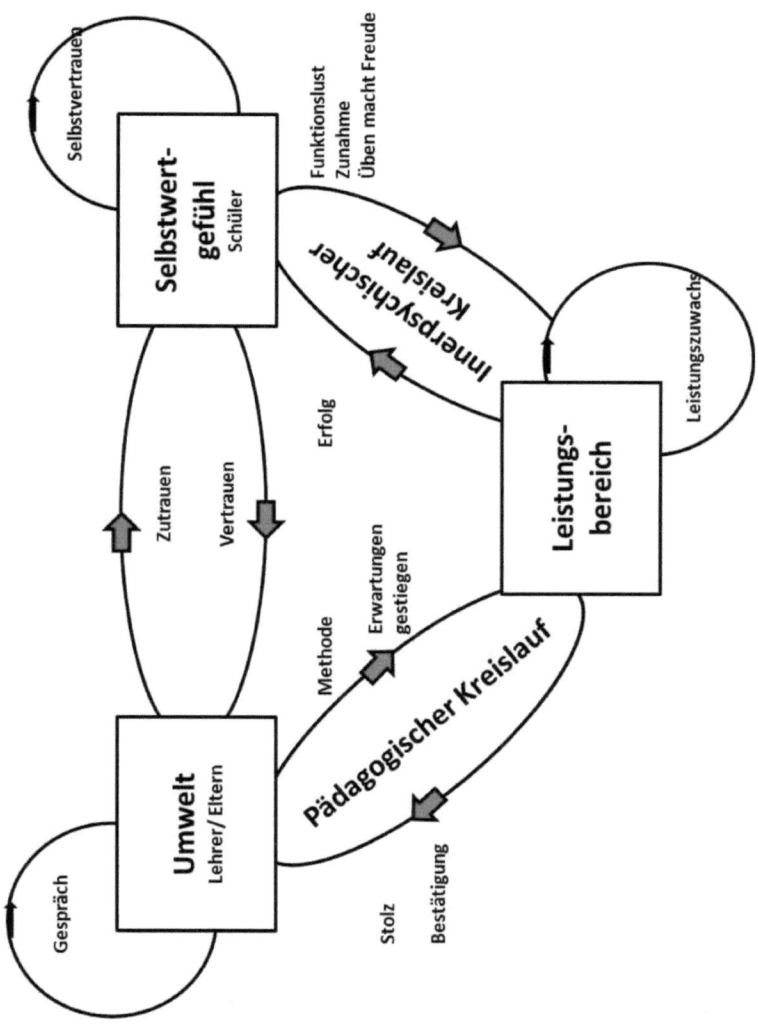

Quelle: Eigene – in Anlehnung an Betz/Breuninger

**Abbildung 17: Positive Lernstruktur**

# Anhang 7: Geplante Messpunkte

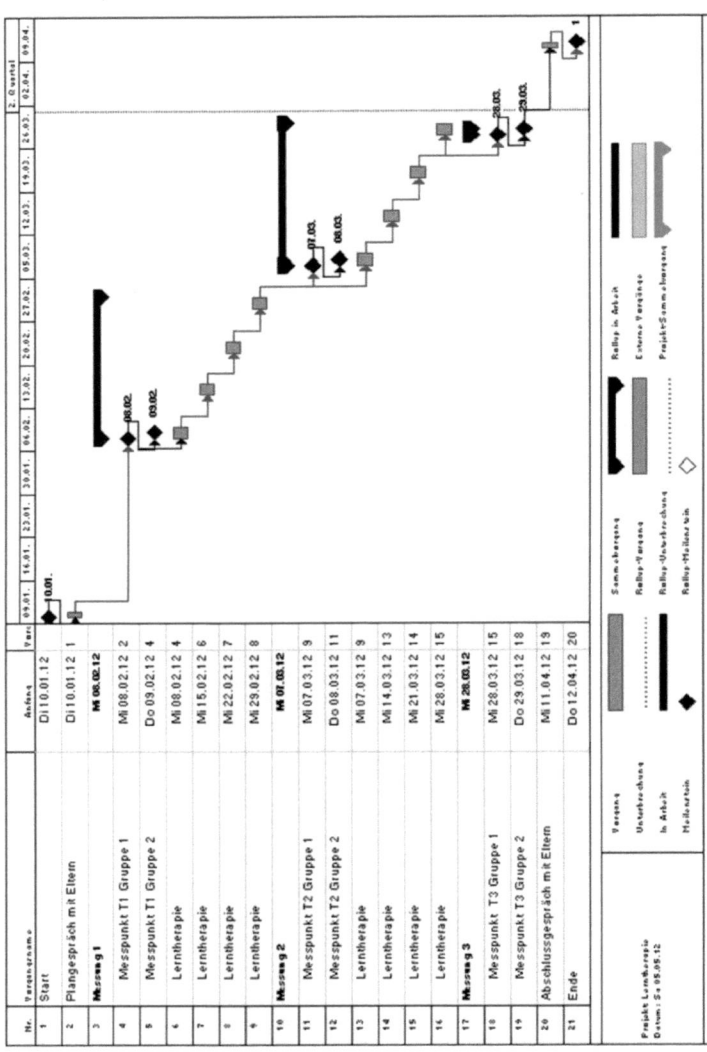

Quelle: Eigene

**Abbildung 18: Geplante Messpunkte**

# Anhang 8: Überblick Forschungsmethodik

| Gegenüberstellung | Normativ- ontologische Theorieansätze Qualitativ | Neopositivistische bzw. empirisch-analytische Theorieansätze Quantitativ | Kritische oder dialektische Theorieansätze Qualitativ |
|---|---|---|---|
| **Erkenntnisanspruch:** | | | |
| Erkenntnis-Ziel | Idiographische „Beschreibung"; praktischer Rat | Nomothetische Sätze; technologische Anweisungen | Historisches Gesetz; Gesellschaftskritik |
| Erkenntnisinteresse | Praktisches (Konsensus von handelnden) | Technisches (Verfügung über vergegenständlichte Prozesse) | Emanzipatorisches (Selbstreflexion) |
| Erkenntnisgegenstand | Sinn und Wesen von Staat, Gesellschaft, Mensch, Educandus, usw. | Verhalten von Individuen, Gruppen, Organisationen | Gesellschaft |
| **Erkenntnismittel (Methodologie):** | | | |
| Denkmethoden (Verarbeitungsmuster) | Hermeneutik, Grounded Theory, Phänomenologie, Verstehende Psychologie | Logischer Empirismus, kritischer Rationalismus (Popper) | Dialektik, Hermeneutik |
| Tätigkeit des Wissenschaftlers | Wissenschaftliches Nach- und Vordenken, Verstehen | Beschreiben, Erklärung, Prognose (Kritik-Kontrolle der Erfahrung) | Kritisch konfrontieren und politisch wirken (Kritik-Korrektur der Erfahrung) |
| Ansätze | Historisch-genetische, ideengeschichtliche | Strukturell-funktionale | Kritisch-historische und „kritisch-empirische" |
| Forschungsmethoden und -techniken | Quellen- und Textkritik, historisch-philosophische Argumentation, zum Teil Regeln der empirischen Sozialforschung | Regeln und Techniken der empirischen Sozialforschung, Psychologie, Pädagogik | Historisch-ökonomische, ideologiekritische Analyse mit empirischer Sozialforschung als Hilfsmittel |

Quelle: Marek 2009 auf Basis von Renner, Heydasch, Ströhlein.

**Abbildung 19: Forschungsmethodik**

## Wissenschaftliche Publikationen des Autors

(2008): Berater für „Personalentwicklung und Organisationsentwicklung" in Veränderungsprozessen – eine Herausforderung! BOD. Norderstedt

(2009): Ziele ziehen. Coaching. 3. überarbeitete und ergänzte Aufl. BOD. Norderstedt.

(2010): „Der Babuschka-Effekt". Selbstlernkompetenz in der Erwachsenenbildung. Introspektion im Einsatz. GRIN. München.

(2011): Lebenslanges Lernen – Notwendigkeit oder Zwang?. GRIN. München.

(2011): Einführung in wissenschaftliches Arbeiten für Lernende in Gesundheitsfachberufen. GRIN. München.

(2012): Der Weg des Lernens für Betroffene im Umfeld der Diagnose Demenz Typ Alzheimer. Vertiefung in wissenschaftliches Arbeiten für Lernende in Gesundheitsfachberufen. GRIN. München.